Germanische
Religionsgeschichte
und
Mythologie

**Die Götter, Dämonen, Orakel, Zauber-
und Totenkulte der Germanen**

von
Dr. Eugen Mogk

© **6. Auflage, Copyright 2016 by Bohmeier Verlag, D-04357 Leipzig, Oelssnerstr. 2, Germany, Tel.: +49 (0) 341-6812811 - Fax: +49 (0) 341-6811837. Immer erreichbar über unsere Internet-Homepage: www.magick-pur.de**

© **Coverbild und Covergesamtkonzeption von JAD,** inspiriert von dem Bild „Odin befragt den weisen Riesen Mimir", einer Zeichnung von E. Doepler dem Jüngeren (* 29.10.1855 in München (Bayern); † 21.12.1922 in Berlin) der Maler, Kunstgewerbler, Gebrauchsgraphiker, Heraldiker und Lehrer war.

Dr. Eugen Mogk (* 1854 - † 1939), war Volkskundler, Neuphilologe, Professor an der Universität Leipzig und Autor. Das Buch erschien unter gleichem Titel „Germanische Religionsgeschichte und Mythologie" und erschien ursprünglich in der Sammlung Göschen. Wir konnten trotz ausführlicher Recherche keinen Rechteinhaber ausmachen. Sollte es dennoch Rechteinhaber geben, bitten wir um Nachricht.

Gesamtherstellung: Bohmeier Verlag, Printed in Germany

ISBN 978-3-89094-637-5

Inhaltsverzeichnis

Erläuterungen zum Text

ahd. = althochdeutsch
as. = altsächsisch
ags. = Angelsächsisch
an. = altnordisch
got. = gotisch

o̧ Aussprache wie englisch aw
þ Aussprache wie stimmloses englisch th
ð Aussprache wie stimmhaftes englisch th
′ bezeichnet die Länge im altnordischen
^ bezeichnet die Länge in den übrigen germanischen Sprachen

Anmerkung des Verlages / Hinweis des Verlages

Alle *kursiven Fußnoten* sind vom Verlag. Sie sind also ausnahmslos Ergänzungen zum ursprünglichen Werk.
Die Schreibweise der Erstausgabe wurde beim Neusatz geglättet. Korrekturen auf inhaltliche Fehler wurden vorgenommen, jedoch ohne den Charakter der Erstausgabe zu verfälschen oder den Text inhaltlich zu ändern.

Grundzüge des germanischen Wesens

Fast zwei Jahrtausende haben die Germanen in der Weltgeschichte eine führende Rolle gespielt und werden sie hoffentlich auch ferner spielen. Dies verdanken sie zum nicht geringen Teil der tiefen Religiosität, die einen wesentlichen Zug ihres Charakters ausmacht. Die Scheu und Ehrfurcht vor dem Walten höherer Mächte in der Natur und im Menschenleben, die Cäsar und Tacitus von unseren Vorfahren rühmten, haben sie auch unter neuen Verhältnissen und nach Annahme des Christentums nicht verkümmern lassen, sie sind nur vertieft, veredelt worden. Dabei haben die Germanen bei dem ihnen eigenen konservativen Sinn zahlreiche Glaubensvorstellungen aus der Kindheit ihres Volkes in alter Form in die neuen Verhältnisse herüber genommen oder sie dem neuen Glauben angepasst. So lebt heute noch unter den germanischen Völkern viel Heidentum fort, das wir meist als Aber- oder Volksglaube zu bezeichnen pflegen und das selbst hier und da aus den Dogmen unserer Kirche spricht. Die volkskundliche Forschung der letzten Jahrzehnte hat gezeigt in wie hohes Alter diese Glaubensvorstellungen zu setzen sind. Ob sie freilich alle auf germanischem Boden gewachsen oder von den Germanen aus ihrer Urheimat mitgebracht sind, das ist eine andere Frage, denn solange wir unser Volk kennen, können wir auch bei ihm die Neigung wahrnehmen, Fremdes sich anzueignen und dies mit heimischen Vorstellungen zu verquicken. Nun haben aber die prähistorischen Funde in Deutschland und Skandinavien gezeigt, dass zwischen den Germanen und den Kulturvölkern des Altertums schon in vorgeschichtlicher Zeit ein ziemlich reger Verkehr bestanden hat, und damit ist die Möglichkeit einer Beeinflussung auch auf religiösem Gebiet gegeben. Ja, manches spricht dafür, dass eine mächtige Kulturwelle früh aus dem Orient über Südosteuropa nach Skandinavien gekommen ist und neue Glaubensvorstellungen und Mythenstoffe mit sich gebracht hat. Dieser Einfluss der Alten musste größer werden, als die Römer am Rhein und an der Donau unmittelbare Nachbarn der Germanen wurden und nun mit diesen in engsten Wechselverkehr traten, als römische Legionen Deutschland durchzogen und an seinen Grenzen dauernd mit Germanen verkehrten, als germanische Jünglinge in römische Dienste traten und Edelinge und Fürstenkinder Jahre ihrer Jugend in Rom verbrachten. Die von Germanen ihren Göttern geweihten Tafeln und Steine am Hadrianswall, am Rhein, an der Donau, in den Kasernen zu Rom und anderen Orten zeigen, wie auch im Ritus die Germanen die Römer nachahmten. Selbst das Christentum ist nicht ohne Beimischung antik-heidnischen Glaubens zu den germanischen Völkern gekommen, da die Römer und ihre Provinzialen, die es ihnen zuführten, auch ihrerseits sich nicht den Glaubensvorstellungen ihrer heidnischen Väter hatten entziehen können. So finden wir in christlicher Zeit unter den Germanen heimisches Heidentum mit römisch-antikem vermischt, beides wuchert weiter, und aus dem alten Ideenkreis heraus erzeugt die Volksphantasie bis auf den heutigen Tag nicht selten neue Gebilde.

Untergang des Heidentums

Fast ein Jahrtausend hat es gedauert, ehe alle germanischen Stämme die heidnische Religion abgelegt und das Christentum angenommen hatten. Wohl begegnen wir einzelnen christlichen Germanen in der Rheingegend, wo sich vor allem der Einfluss auch der christlichen Römer zeigte, schon im 3. Jahrhundert, aber ins Volk drang die neue Lehre nicht. Nur im negativen Sinne mögen die mit römischem Heidentum gemischten fremden Glaubensvorstellungen auf die Nachbarvölker gewirkt haben: sie erschütterten den Glauben an die heimischen Götter. Eine Bekehrung ganzer Stämme setzte erst mit dem Ausgang des 4. Jahrhunderts ein: an der unteren Donau nahmen die Westgoten das Christentum in der arianischen Form an, von denen es zu den Ostgoten und von diesen zu den Vandalen, Gepiden, Rugiern, Herulern gelangte. Durch die Westgoten kam es auch zu den Alanen und Sueven in Spanien, von den Ostgoten ererbten es in Italien die einwandernden Langobarden. In Südgallien werden im 5. Jahrhundert die Burgunden, etwas später die Franken unter Chlodwig Christen. Es folgen dann die deutschen Stämme im Binnenland: die Alemannen, Thüringer, Bayern. Aber nirgends wurde das Christentum wahre Volksreligion. – Um 600 wurden die Angelsachsen auf den britischen Inseln dem Christentum zugeführt, von wo aus eine eifrige Missionstätigkeit unter den Friesen, Hessen und Thüringern einsetzte. Die an ihrer alten Religion fest hängenden Sachsen konnten erst im 8. Jahrhundert durch Gewalt von Karl dem Großen christianisiert werden. Unter dem Einfluss der Politik der fränkischen Könige zog im 9. Jahrhundert in Dänemark das Christentum ein, fand aber erst im 10. Aufnahme in den breiten Schichten der Bevölkerung. Zuletzt folgten Norwegen mit seinen Nebenländern (Island, Grönland), wo Óláfr Tryggvason († 1000) und Óláfr der Heilige († 1030) mit Gewalt dem alten Heidentum entgegentraten, und Schweden, das bald darauf dem Beispiel Norwegens folgte, nachdem auch hier in allen nordischen Reichen die früheren Versuche einzelner Missionare ohne nachhaltige Wirkung geblieben waren. Fast überall war die Aufnahme des neuen Glaubens zunächst rein äußerlich, und lange dauerte es, ehe das Christentum volkstümlich wurde. Gewalt der Könige nötigte meist den Christengott auf. Daher wurde im geheimen und in abgelegenen Gegenden noch vielfach den alten Göttern geopfert. Selbst Christen nahmen an heidnischem Kult teil, ja nach isländischen Gesetzen war dieser nach Einführung der christlichen Lehre als Staatsreligion sogar gestattet, wenn keine Zeugen dagegen auftraten.

Die Quellen der altgermanischen Religionsgeschichte

Die frühesten Zeugnisse altgermanischen Kultes sind Gegenstände, die in der Erde gefunden worden sind. Sie sind namentlich reich im skandinavischen Norden, wo mit Sicherheit seit frühester Zeit Germanen gesessen haben. Nach Berührung mit den Römern verdanken wir diesen die ersten Nachrichten über altgermanischen Glauben und Kult, vor allem Tacitus, Cassius Dio, Ammianus Marcellinus, später dem Griechen Prokopius u. a., Gedenksteine und Votivtafeln, die Germanen nach römischem Vorbild ihren Göttern geweiht haben, erweitern das Bild.

Nach der Völkerwanderung setzen die Geschichten einzelner Stämme ein, wie Jordanes' Gotengeschichte, Gregor von Tours' *Historia Francorum*, Paulus Diaconus' *Historia Langobardorum*, ferner die Lebensbeschreibungen der Missionare, wie die *Vita Columbani* des Jonas von Bobio, die *Vita Bonifacii* Willibalds, Alcuins *Vita Willibrordi* u. a. Dazu gesellen sich die Bußordnungen, die kirchlichen und weltlichen Gesetze gegen heidnischen Brauch, einige direkte Zeugnisse alten Glaubens, wie die Nordendorfer Runenspange oder die Merseburger Zaubersprüche. Das Heidentum der Angelsachsen berührt öfter Beda in seiner Kirchengeschichte. Vor allem ergiebig fließen die Quellen bei den nordgermanischen Völkern, wo die Dichtung, die Eddalieder und Skaldengedichte, die isländischen Sagas, Runeninschriften, zum Teil mit bildlichen Darstellungen, Saxo Grammaticus, der Geschichtsschreiber der Dänen, nicht nur ein lebensvolles Bild vom Glauben und Kult der Nordgermanen geben, sondern auch Sagen von Göttern erzählen, die wir in südgermanischen Quellen vermissen.

Auf Grund dieser Quellen, aber mit neuen Zutaten und vielfach persönlicher Auslegung und Kombination, konnte Snorri in seiner Edda im Anfang des 13. Jahrhunderts die älteste germanische Götterlehre verfassen (vgl. Sammlung Göschen Nr. 254: Nordische Literaturgeschichte I). Bei allen Zeugnissen müssen wir scharf trennen zwischen denen des Glaubens und Kultes der Allgemeinheit und der mythologischen Dichtung, die nur zu oft subjektiver Phantasie entsprungen ist.

Zu diesen älteren Quellen gesellt sich bei allen germanischen Stämmen die Volksüberlieferung des Mittelalters und der Neuzeit, da in Sitte und Brauch, aber auch in Lied und Sage noch mancher Zug aus heidnischer Zeit fortlebt oder aus dem Vorstellungskreis einer natürlichen Religion in Anlehnung an ältere Gebilde neu entstanden ist.

Die verschiedenen Schichten altgermanischer Religion

Einen germanischen Olymp, ein germanisches Göttersystem, wie es Snorri in seiner Edda darstellt, hat es nie gegeben. Der Glaube unserer Vorfahren ist nie etwas Abgeschlossenes, nie etwas Dauerndes, nie etwas Einheitliches der Gesamtheit gewesen. Wie die Einheit des Volkes, so fehlte auch die Einheit der Religion. Dogmatisches Denken hat dabei, wie bei allen Naturvölkern, auch den Germanen fern gelegen. Alte Glaubensvorstellungen haben sich stetig mit neuen verbunden, haben sich diesen in Sitte und Aberglauben untergeordnet und sind dann in verblasster Form und unverstanden durch Jahrhunderte von Geschlecht auf Geschlecht vererbt worden.

Die Lebensinteressen, wirtschaftliche und soziale Verhältnisse der einzelnen Stämme haben auch ihren Glauben an höhere Wesen, ihre Religion beeinflusst, ihn umgestaltet oder neue Gebilde entstehen lassen. Und daneben hat seit grauer Vorzeit das ewig wandernde Märchen sich bald hier bald da den Gestalten des Glaubens angeschmiegt. So finden wir in den Quellen altgermanischer Religion und Mythologie Schichten aus ganz verschiedenen Zeiten unseres Volkes über- und nebeneinander. Sie gleichen den Schichten der Erdrinde, und dasjenige, was unsere Mythologen nur zu oft als den Kern altgermanischen Glaubens ansehen, die Erzählungen von dem Tun und Treiben vermenschlichter Gottheiten, ist nur die jüngste Schicht, die zum großen Teil Dichterphantasie ihren Ursprung verdankt. Diese verschiedenen Schichten zu erkennen und voneinander zu sondern, gelingt nur durch das Studium der vergleichenden Religionsgeschichte, das uns einen Einblick in die Anfänge religiösen Denkens und Kultes der Menschheit und in das allmähliche Wachsen der Glaubensvorstellungen unkultivierter Völker gewährt.

Hier finden wir auch die Gesetze religiösen Denkens, und manches wird uns durch solche Vergleichung bei den Germanen erst verständlich. Denn vieles was bei ihnen zur Sitte und Brauch im Alltagsleben erstarrt ist, hat sich bei anderen Völkern noch als wesentlicher Bestandteil religiösen Kultes erhalten. Alle Religion hat ihre Wurzel in dem Gefühl des Menschen, dass er mehr oder weniger von der ihm umgebenden Natur und den Vorgängen in derselben abhängig ist. Er fühlt in den Dingen seiner Umgebung eine Macht, der gegenüber er ohnmächtig ist und vor der er eine gewisse Scheu hat. Dasselbe ist der Fall bei gewissen Erscheinungen in der Natur und im Menschenleben. Seit Codrington das Mana bei den Melanesiern entdeckt hat, hat es sich immer mehr herausgestellt, dass ähnliche Vorstellungen der Ausgangspunkt fast aller Religionen primitiver Völker sind. Diesem melanesischen Mana entspricht im Germanischen „Macht" (ahd. *maht*, an. *megin, máttr*). Menschen, Tiere und Gegenstände der Umwelt sind mit Macht gefüllt, die sich auch in gewissen Abschnitten und Vorgängen des menschlichen Lebens und in ungewöhnlichen Naturereignissen zeigt. Durch menschliche Handlungen kann sie geweckt, kann sie vermehrt werden. Sie kann dem Menschen Nutzen oder Schaden bringen. Im ersteren Fall sind die mit ihr gefüllten Dinge *heilig*. Hieraus erklärt sich die Verehrung gewisser Dinge in der Natur, der Berge, Quellen, Wälder u. a. Im Laufe der Zeit wurde diese Machtäußerung personifiziert, und so entstand die Schar dämonischer Wesen, die in Wäldern und Feldern, Bergen und Flüssen, Winden und Wolken hausen soll. In diesem Vorstellungskreis wurzelt auch die unterste Schicht magischer Handlungen, des Wetter- und Fruchtbarkeitszaubers, sowie allgemeiner Weissagung, wie des Angangs oder der Tierprophetie, die in gleicher oder ähnlicher Weise sich über die ganze Erde verbreitet findet. Die persönliche Auffassung von der Macht, die in den Dingen und Vorgängen herrscht, bedingte ein Entgegenkommen des Menschen durch Bitte und Spende, um sich die Wesen geneigt zu machen, und so entstand der Kult, der mit Aufkommen neuer Vorstellungen und ganz besonders mit der Verehrung menschengestaltiger Gottheiten sich immer weiter entwickelte und neue Formen annahm. Auch gewissen Menschen schrieb man außergewöhnliche Macht zu. Das sind vor allem die Medizinmänner, Priester, Führer des Volkes (Könige), die Zauberer. Gebrauchten diese ihre übernatürliche Macht, an die das Volk glaubte, zum allgemeinen Wohle, oder schloss man auch nur infolge gewisser Erfahrungen auf ungewöhnliche Macht, so genossen sie Ansehen und Verehrung. Benutzten sie sie aber zum Schaden ihrer Mitmenschen und zum eigenen Vorteil, so waren sie vielfach Gegenstand der Furcht und Verfolgung. Diese Macht endete auch mit dem Tode nicht. Sie lebte in dem toten Körper fort, sie brachte den Feldern Gedeihen, den Menschen Glück und Wohlstand oder Unheil, woraus sich einerseits der *Toten- und Ahnenkult* (Manismus), andererseits der *Spukglaube* entwickelte. Manche Menschen waren nur zu gewissen Zeiten, unter bestimmten Verhältnissen mit Macht gefüllt. Wer sie besaß, konnte sie auch auf Gegenstände oder andere Wesen übertragen, wie aus dem an. *magna* „zaubern" hervorgeht.

Im Glauben an die Zauberkraft des Menschen wurzelt auch die Vorstellung von seiner Verwandlungsfähigkeit. Namentlich im Schlaf und in der Ekstase können gewisse Menschen alle möglichen Gestalten annehmen. Sie begegnen dann besonders häufig als Tiere. Gleiches vermögen auch Tote. In dieser verwandelten Gestalt hat der Mensch außergewöhnliche Kraft. Aber sie ist zugleich an den wirklichen Körper, der bewegungslos zu sein scheint, gebunden, und was mit ihr geschieht, widerfährt auch dem Körper. In ihr oder in seiner eigentlichen Gestalt erscheint der Mensch auch seinen Mitmenschen im Traum und kann dann in ferne Gegenden und in die Zukunft schauen wie die Toten, bei denen man sich ebenfalls vielfach Auskunft über zukünftige oder ferne Ereignisse holt. Wann sich, meist durch Kollektivierung, aus der Schar gewisser Dämonen oder dem Glauben an das Fortleben und Fortwirken des Menschen nach dem Tod bestimmte Gottheiten, die über ihr Ursprungsgebiet hinausgriffen, entwickelt haben, lässt sich nicht sagen. Jedenfalls ist dies auf germanischem Boden geschehen, da außerhalb des germanischen Gebietes, abgesehen von Týr-Zîu, sich ihre

Namen nicht finden. Was diesen Gestalten, die der Mensch nach seinem Eben-
bild geschaffen und mit menschlichen Eigenschaften ausgestattet hat, besonders
eigen ist, ist das persönliche Verhältnis, das sie zu den Menschen haben. In den
verschiedensten Lebenslagen, in fast allen seinen Handlungen wähnt der
Mensch ihr förderndes oder hemmendes Eingreifen. Und so sucht er sie zu ver-
söhnen, wenn er ihren Zorn zu spüren meint, oder sie sich bei wichtigen Unternehmen gewogen zu machen und ihren Beistand zu gewinnen. So entsteht der
Götterkult, der in Gebet, Minne und Opfer zum Ausdruck kommt und sich vielfach an den Totenkult anlehnt. Dieses Emporkommen menschengestaltiger
Gottheiten geht zugleich Hand in Hand mit der Entwicklung sozialer und staatli-
cher Gebilde.

Die Verehrung erfolgt nicht nur von einem Einzelnen, sondern von einer Gesamtheit, die sich nun in der oder den Gottheiten einig fühlt und sich an geweih-
ter Stätte zu gemeinsamem Kulte versammelt. So entstehen größere oder kleine-
re Kultverbände mit gemeinsamem Heiligtum, neben denen die Götterverehrung
in der Familie oder in engem Kreis natürlich fortdauert, wozu sich die Verehrung von Lokalgottheiten gesellt. Auf diesem Entwicklungspunkt standen die
Germanen, als sie in die Geschichte eintraten. Bald lernten sie auch die Götter
im Bild verehren, und so entstand das Götterbild, für das nun auch ein besonderer Raum, das Götterhaus, geschaffen werden musste. Mit der Vermenschli-
chung höherer Mächte stellte sich auch die mythologische Dichtung ein: man
erzählte von Dämonen und Göttern, was man als Mensch getan oder erlebt hatte
und wessen ein Mensch fähig sein konnte, bald in schlichter Form, bald novel-
listisch oder romanhaft ausgebildet, und unwillkürlich knüpften sich an sie auch
Motive des farbenreichen Märchens. Auch der Kult gab mehrfach Stoff zu poe-
tischer Gestaltung. So entstand die Göttersage, das Göttermärchen neben den
älteren zahlreichen Dämonensagen. In der spätesten Zeit des Heidentums und
nachweisbar nur bei den Nordgermanen bemächtigte sich auch der spekulative
Geist der Gegenstände und Personen des Glaubens, und es entwickelt sich eine
heidnisch germanische Theologie, wie sie zum Teil in der eddischen Dichtung
vorliegt, zugleich auch ein Götterstaat nach weltlichem Vorbild in dem Oðinn
als Göttervater wie ein weltlicher Fürst über Götter, Menschen und Länder
herrscht.

Die Machtvorstellung in der germanischen Religion

Zu der Zeit, da die Germanen in den Interessenkreis der Völker des Altertums treten und beginnen, eine weltgeschichtliche Rolle zu spielen, ist ihre Religion der Glaube an anthropomorphische Gottheiten und deren Verehrung in engeren oder weiteren Verbänden. Daneben aber besteht noch allerorten Naturverehrung und Totenkult fort. Nicht selten sind die älteren Schichten religiöser Vorstellungen auf jüngere übertragen oder haben sie wenigstens beeinflusst (Synkretismus). Auch darf man nicht glauben, dass die überall begegnende Natur- und Totenverehrung ausschließlich aus einer früheren Periode religiöser und kultureller Entwicklung stamme. Des Menschen Gefühl seiner Abhängigkeit von der Umwelt und der in ihr wirkenden Kräfte ist jederzeit vorhanden gewesen und hat bis in die jüngste Zeit die alten Glaubensvorstellungen nicht nur gestärkt, sondern auch oft unter der Einwirkung der Natur und menschlicher Ereignisse oder in Anlehnung an den Glauben anderer Völker neue entstehen lassen. Denn ebenso wenig wie die psychologischen Ursachen, die in grauer Vorzeit die Glaubensvorstellungen bei dem primitiven Menschen wachgerufen, geschwunden sind, ebenso wenig hat die mythenbildende Phantasie des Volkes durch religiöse Umwälzungen und besonders auch durch Einführung des Christentums aufgehört. Daher finden wir bis in unsere Tage bei allen germanischen Stämmen vielfach Machtvorstellung, Naturbeseelung und -verehrung und Totenkult in Sitte und Brauch und im lebendigen Volksglauben.

Ehe die Welt geschaffen wurde, heißt es in der eddischen Vǫluspá, dem Gedicht vom Ursprung und Untergang der Erde, wusste der Mond nicht, welche Macht er besaß. Wie hier dem Mond Macht zugeschrieben wird, durch die er die Zeiten regelt, so ist an anderen Orten von der Macht der Sonne, von der Macht der Erde, des Wetters, des Winters, des Meeres die Rede. Auch Gegenstände, die der Mensch selbst hergestellt hat, sind mit Macht gefüllt, besonders häufig Waffen, vor allem das Schwert und Schiffe. Daher erklärt sich, dass man ihnen fast immer Namen gegeben hat. Mit Macht ist das Bier gemischt, das die erwachte Sigrdrifa dem Sigurd reicht. Auch in Zeichen und Figuren, namentlich in den Buchstaben oder Runen, im Namen, Worten und Liedern kann Macht verborgen sein und in ihnen wirken. Ach Menschen sind mit Macht ausgestattet, der eine mehr, der andere weniger, vor allem die Führer des Volkes, die Priester, die Zauberer. Und wenn einer krank darnieder liegt, so ist eine Macht geschwunden. So beherrscht der Glaube an die Macht der Dinge und Geschöpfe noch in spätheidnischer Zeit das Gemütsleben und die Phantasie des Volkes. Aus der Scheu vor dieser Macht entsprang die Ehrfurcht, die man lebenden oder durch Phantasie entstandenen Wesen zuteilwerden ließ, die Verehrung der Dinge, in denen man besonders heilbringende Macht wähnte, aus ihr entsprang die Religion. Wie sich der Glaube an die Macht der Dinge und Personen allmählich zur Verehrung und Ehrfurcht verdichtete, lehrt das Zeugnis des Ammianus Marcellinus, nach dem die Quaden ihre machtgefüllten Schwerter wie Gottheiten verehrten und wie andere germanische Stämme auf ihnen schworen, und wo berichtet wird, dass nach dem Glauben der Leute die Macht des Fürsten das Geschick besiegen oder lenken könne.

Dauernde Wirkung der Macht, die dem Menschen Vorteil bringt, macht den Gegenstand heilig, und soziale Bestimmungen schirmen ihn gegen Verunglimpfung. Spenden werden ihm gebracht. So galten Bäume und Wälder, Quellen und Flüsse, Steine und Felsen als heilig. Gegen ihre Verehrung eifern daher kirchliche und weltliche Satzungen in frühchristlicher Zeit unausgesetzt. Den heiligen Hain der Semnonen durfte niemand betreten, der nicht mit Fesseln gebunden war, und wenn man hinfiel, musste man sich aus ihm herauswälzen. Die Quelle süßen Wassers, die auf Helgoland allgemeine Verehrung genoss und der Insel den Namen gegeben hat, durfte niemand verunreinigen, und wer sie zu profanen Zwecken verwendete, war des Todes. Der Basalthügel, an dessen Fuße sich der Norweger Thórólfr auf Island niederließ und in dem er nach seinem Tode zu wohnen hoffte, war ihm so heilig, dass ihn niemand ungewaschen anschauen durfte. In der weiteren Entwicklung der Religion werden dann diese tabuisierten Orte Aufenthaltsorte der Dämonen, Abgeschiedener, der Götter. In den Wäldern barg der germanische Priester die Göttersymbole, wenn man mit ihnen nach siegreichem Feldzug zurückkehrte, dem höchsten Gott war der Hain der Semnonen geweiht, ein anderer an der Weser dem Donar, auf einer Insel der Ostsee lag der heilige Wald der Nerthus. Auch die einst mit Macht gefüllten und daher verehrten Gegenstände, besonders Waffen, wurden mit den Göttern in Verbindung gebracht und begegnen nun als deren Eigentum.

In den frischen Trieben im Frühjahr zeigte sich die Macht, die in den Bäumen wohnte. Durch magische Handlungen glaubte man sie auf Menschen und Tiere übertragen zu können. So wird beim Erwachen der Natur die sprossende Birke aus dem Wald geholt und vor Haus oder Stall aufgepflanzt, oder die Zweige frisch grünender Bäume werden gepflückt, um durch sie die lebenserzeugende Kraft auf andere Wesen und Dinge zu übertragen. Das ist der weit über die Grenze Germaniens verbreitete Schlag mit der Lebensrute, der Fruchtbarkeit, Gesundheit und Kraft bringt und gegen schädigende Einflüsse schirmt. Daher werden im Frühjahr namentlich Mädchen oder junge Frauen mit frischen Birkenreisern oder Weidenzweigen mit Palmenkätzchen, die in mehreren Gegenden den Namen „Sommer" tragen, womöglich auf entblößte Teile ihres Körpers geschlagen, um sie fruchtbar zu machen, was auch mit Brautleuten am Hochzeitstag geschieht. Ebenso werden junge Kühe vor dem Austrieb unter Hersagen von Segensformeln auf Kreuz, Hüfte und Euter geschlagen. Auch Obstbäume schlägt man mit der Lebensrute, damit sie viele Früchte tragen, und auf Flachs- und Getreidefeldern nehmen zuweilen Knechte und Mägde dieselbe Handlung vor, damit die Ähren körnerreich werden.

In gleicher Weise genossen Quellen und Brunnen, auch Flüsse und im Norden die Wasserfälle fast göttliche Verehrung. Schrieb man doch dem klaren Wasser geradeso wie dem Feuer läuternde Kraft zu, die sich besonders bei Krankheiten bewährte und vor Krankheiten schützte. Hieraus erklärt sich der bis heute noch in Sitte und Brauch fortlebende Quellen- und Flusskult. Die Franken opferten bei ihrem Vordringen in Italien dem Po gotische Weiber und Kinder, die Alemannen verehrten nach dem Zeugnis des Agathias die Flüsse und opferten ihnen. Ebenso hielten die Nordgermanen die Wasserfälle für heilig und spendeten ihnen Kleider und Speise. In den Bußordnungen, Konzilienbeschlüssen, den Kapitularien und Gesetzen stößt man immer wieder auf Verbot dieses Wasserkultes. Noch heute gehen die Mädchen zu gewissen Zeiten an Brunnen, Quellen oder Flüsse und werfen Blumen, Kränze, Bänder und dergleichen in das Wasser oder legen sie an seinem Rand nieder. Nicht selten stellen sie dabei eine Frage an das Schicksal, denn man schreibt dem Wasser auch zukunftkündende Kraft zu. Weit verbreitet ist auch der Glaube, dass Flüsse oder Seen alljährlich ihr Opfer fordern. Als Erlösung für Menschen, die man in diesen Forderungen wähnt, wirft man Tiere, namentlich Hähne, oder Speisen, ja selbst Kleider zu bestimmten Zeiten ins Wasser. Vom Wasser erhofft man auch Heilung und Schutz vor Krankheiten. Daher begießt man die Menschen damit, wenn solche drohen. An bestimmten Tagen (Karfreitag, Ostern, Johannis) schreibt man dem fließenden Wasser besondere magische Kraft zu: vor Sonnenaufgang muss man sich an Fluss oder Quelle begeben, schweigend das Wasser schöpfen und unter geheimnisvoller Handlung die Krankheit abwehrende Kraft des Elementes sich aneignen. Diese heilige Ehrfurcht vor dem Wasser, die durch das Auffinden heilkräftiger Quellen vermehrt worden ist, hat ihren letzten Ausläufer in den Brunnenfesten, die noch an verschiedenen Orten stattfinden, Festlichkeiten, die in ähnlicher Feier bei wilden Völkern zum religiösen Kult gehören.

Gleiche Verehrung wie das Wasser genoss das Feuer, dem man ähnliche Macht zuschrieb. Feuer, das war der allgemeine Glaube, heile und verhindere Krankheiten. „Feuer nimmt Siechtum" lehren die eddischen Hávamál. Es hindert die schädigenden Dämonen, und daher wird es bei Krankheiten oder zu Zeiten, da man solche fürchtet, entzündet. Dieses Feuer muss natürlich besondere Macht haben, es muss Neufeuer oder wildes Feuer sein. Das ist das so genannte Notfeuer, ahd. nôdfŷr, d. h. durch Reiben erzeugtes Feuer, das ahd. Quellen schon im 8. Jahrhundert erwähnen und das bis in die Neuzeit in allen germanischen Ländern fortlebt, in England als *wildfire*, in Skandinavien als *gnideld*. Solche Notfeuer wurden entfacht, wenn Seuchen unter den Haustieren ausgebrochen waren. Die Handlung selbst war eine Handlung der ganzen Gemeinde. Alles alte Feuer in der Gemeinde musste gelöscht werde, dann wurde durch Reibung zweier Hölzer von verschiedener Härte neues Feuer erzeugt, und durch dieses wurde das Vieh getrieben. Oft sprangen nach ihm auch die Menschen darüber. Die Kraft ging auch in die Asche über, die dem Vieh unter das Futter gemischt wurde. Aus diesem Notfeuer bei Seuchen sind die periodischen Sommerfeuer (namentlich zu Johannis) hervorgegangen, durch die man einer Verseuchung im Hochsommer vorbeugen wollte, denn in dieser Zeit wähnte man die Seuchendämonen an der Arbeit. Der Glaube an die abwehrende Macht des Feuers zeigt sich überhaupt zu allen Zeiten, bei allen Ereignissen, wo man schädigende Dämonen befürchtet. Um vor diesen seinen Besitz zu schirmen, umging ihn der Nordgermane mit einem Feuerbrand, wenn er sich ansiedelte. Daher wurden auch dem Feuer Spenden gebracht: Tiere, Blumen, Feldfrüchte, Kuchen aus frischem Getreide u. a. wurden in das Feuer geworfen was ja auch jetzt noch in verschiedenen Gegenden geschieht. Und die gleiche Verehrung wie das Feuer in der freien Natur, genoss auch das Herdfeuer, das als heilig galt und in das noch heute in vielen Gegenden germanischer Länder zu bestimmten Zeiten Brot oder Mehl oder Fleisch geworfen wird.

Besondere Verehrung genoss auch das Feuer in Verbindung mit der Sonne. Sonnenfeuer und irdisches Feuer sind nach Auffassung des Naturmenschen identisch, denn beide leuchten und wärmen. Verschiedene Naturvölker verehren noch heute das Himmelsgestirn in dem irdischen Feuer. Vom Himmel ist nach allgemein verbreitetem Mythos das Feuer gekommen. Eine alte Sage der Insel Gotland erzählt, dass Thialver, der nach der isländischen Überlieferung Begleiter Thórs ist, das Feuer vom Himmel geholt und durch dieses der Insel Festigkeit gebracht habe. Wenn der Sonnenschild herabfällt, erzählt die eddische Dichtung, dann brennen Felsen und Fluten. Will man daher der Sonne neue Kraft zuführen, wenn man deren Abnahme fürchtet oder man sie erneuern zu müssen glaubt, so entzündet man auf den Bergen Feuer, wirft die Feuerscheibe ihr entgegen oder lässt das Feuerrad zu Tale rollen, was noch heute wie in alter Zeit in Frühlingsbräuchen fortlebt.

Aber auch von einer Macht der Sonne *(sólarmegin)* sprechen nordische Quellen. Daher berichten unsere frühesten Zeugnisse mehrfach über die Verehrung des großen Himmelsgestirns in seiner natürlichen Erscheinung, wie wir sie bei vielen Naturvölkern finden. Von einem anthropomorphischen Wesen, dem diese Verehrung galt, wusste man noch nichts. Nach Cäsar verehrten die Germanen nur das ihnen sichtbare licht- und wärmespendende Gestirn, nach Prokopius galt das große Fest, das skandinavische Stämme bei der Wiederkehr der Sonne feierten, dem Himmelskörper, wie auch noch heute in verschiedenen Gegenden Skandinaviens der im Frühling wiederkehrenden Sonne Spenden, namentlich Butter, gebracht werden. Auch angelsächsische Gesetze verbieten neben dem Kult heidnischer Götter die Verehrung der Sonne. Als eine weibliche Gottheit begegnet das Himmelsgestirn nur im Merseburger Zauberspruch *(Sunna)* und in der eddischen Dichtung. Hier wird das glänzende Weib des Himmels, die Sól, von den Rossen *Árvakr* (Frühauf) und *Alsviðr* (Glanzschnell) über das Himmelsgewölbe gezogen, verborgen den Menschen durch den leuchtenden Schild *Svalin.* Zugleich erscheint sie auch als Schwester des Mondes, und spätheidnische Dichtung hat beiden Kindern einen Vater *Mundilfari* gegeben und lässt die *Sól* in skaldischem Bild mit *Glen*, dem personifizierten Glanz, vermählt sein. Die Macht des Mondes, von der die Vǫluspá spricht, zeigt sich in der Bestimmung der Zeiten. Sein Wechsel hat die Einteilung des Jahres in Wochen veranlasst und ist von Einfluss auf die Unternehmungen und das Befinden der Menschen. Was gedeihen soll, muss bei zunehmendem, was zurückgehen oder auseinander gehen soll, bei abnehmendem Mond begonnen oder ausgeführt werden. Die Flecken im Mond haben auch die Fantasie zu mythischen Gebilden angeregt. In der Regel erkennt man in ihnen einen Mann, der auf seinen Schultern etwas trägt, und erklärt ihn wie in der biblischen Geschichte vom Sabbatschänder (IV. Mos. 15, 32 ff.) als Holzdieb, der den Sonntag entweiht habe. In der nordischen mythologischen Dichtung sind die Flecken zwei Kinder, *Bil* und *Hjúki*, die *Máni*, der personifizierte Mond, von der Erde entführt hat, als sie vom Brunnen *Byrgir* Wasser holten und den Eimer *Sœgr* an der Stange *Simul* auf ihren Achseln trugen.

Gemeinsam sind Sonne und Mond die Mythen, dass sie von Ungeheuern verfolgt werden. Bei vielen Naturvölkern findet sich der Glaube, dass bei Sonnen- und Mondfinsternis die Gestirne in Gefahr sind, von einem schrecklichen Dämon in Tiergestalt verschlungen zu werden. Durch Lärmen und heftiges Schlagen auf tönende Gegenstände sucht man das Ungeheuer zu vertreiben. Auch bei germanischen Stämmen haben sich noch Überbleibsel dieses heidnischen Glaubens und Brauches gefunden. Gegen ihn eifern die Predigten und Bußordnungen der frühchristlichen Kirche. Die nordische Dichtung hat diesen Ungeheuern Namen gegeben: *Mánagarmr* (Mondhund) verfolgt den Mond, einer von Fenris Geschlecht wird einst die Sonne verschlingen. Außerdem begleiten die Sonne zwei Wölfe, *Sköll* und *Hati* „der Hasser" Die Unwetter verheißenden Nebensonnen, die noch heute bei den Schweden *solulv* (Sonnenwolf), bei den Isländern *úlfkreppa* (Wolfsgefahr) heißen, haben das mythische Bild erzeugt.

Während Leben und Beweglichkeit der Bäume, der Gewässer, des Feuers und der Gestirne den Machtglauben und die Verehrung verständlich machen, ist das nicht der Fall bei dem toten Stein, dessen Kult Homilien[1] und Bußordnung als heidnischen Brauch in gleicher Häufigkeit verurteilen. Steinkult, d. i. Verehrung einzelner größerer Steine, ist über die ganze Erde verbreitet, und noch in der Gegenwart verehrt in abgelegenen Gegenden der norwegische Bauer bestimmte Steine und besprengt sie mit Milch oder Bier und legt auf ihnen Speise nieder. Will man auch hierin Machtglauben finden, so kann dieser nur in der Steinzeit wurzeln, da man in der Wirkung der Steinwaffe die Macht des Gesteins wahrzunehmen glaubte. Allein es liegt näher, dass man dem Stein als Sitz eines Toten Verehrung und Spende zollte.

---

[1]   *Homilie, die; RELIGION Auslegung einer Bibelstelle, Predigt über eine Bibelstelle. Quelle: services.langenscheidt.de/fremdwb/fremdwb.html (aw)*

Vielleicht hängt der Steinkult auch mit dem Erdkult zusammen. In dem Erdboden wähnte man eine ganz besondere Macht (an. *jarðarmegin*), die sich in der Entwicklung der Vegetation zeigt, die sich aber auch auf den Menschen übertragen lässt. Das geheimnisvolle Dunkel, das in der alljährlich sich verjüngenden Erde liegt, hat fast bei allen Völkern die kindliche Phantasie befruchtet und musste es bei den Germanen umso mehr, als in ihrer Heimat von dieser Verjüngung eine vollständige Veränderung ihres wirtschaftlichen und sozialen Lebens, eine Erfrischung ihres Gemütes abhängig war. Zu allen Zeiten können wir in der Poesie unseres Volkes die Sehnsucht nach dem Frühling, die Freude über das Erwachen der Natur beobachten, und in zahllosen Sitten und Gebräuchen bringt man diese Freude zum Ausdruck. Schon mit dem weit verbreiteten Todaustragen am Sonntag Lätare, überhaupt in der Fastenzeit, setzt sie ein. Eine Strohpuppe oder Holzfigur wird unter allgemeiner Heiterkeit von der Jugend herumgetragen und dann in ein Wasser geworfen oder verbrannt, wobei man singt: „Nun tragen wir den Tod hinaus". In dieser Gestalt vergegenwärtigte man sich den alten Vegetationsdämon, dessen Macht dahin war und der geopfert wurde. Wenige Monate später wurde von derselben Jugend der junge Vegetationsdämon feierlich aus der freien Natur, besonders aus dem Wald, nach dem Ort gebracht und hier herumgeführt, bald als Puppe, bald als ein mit frischem Laub umhüllter Mensch. Das sind das Laubmännchen, die Laubpuppe, der Wilde Mann, mit christlicher Umtaufung der Pfingstl, Pfingstkönig, Pfingstlümmel und dgl. Zugleich mit ihm zieht vielfach der Maibaum ein, in dem sich die neue Lebenskraft der Natur zeigt. Fröhliche Feste finden dann unter der Jugend statt: man wählt einen Maikönig, der in örtlichen Bezeichnungen wie Lattichkönig oder Graskönig den natürlichen Hintergrund erkennen lässt und eine Maikönigin, die für das Vegetationsjahr als Paar gelten, zieht oder läuft um die Wette nach dem Maibaum, sucht die Gaben zu erlangen, die an diesem angebracht sind, oder belustigt sich, namentlich in den Städten, wohin ebenfalls die Mai- oder Pfingstsitte mit gezogen war, mit Schießen nach nachgebildeten Vögeln. Vielfach wird der Maibaum durch Gesang feierlich begrüßt. So singt man in Jütland: „Mai, sei willkommen!" oder „Erfreue uns Gott und auch der süße Sommer". Wie eng verbunden diese Volkssitten mit dem Erwachen der Natur sind, lehren alte Chroniken, wo es von solcher Sitte heißt: „den Sommer nach der Stadt führen". Mögen die Bräuche auch nicht bis in diese heidnische Zeit hinaufreichen, so zeugen sie doch für den fortlebenden Glauben an die Macht in der Natur.

Die Vorstellung von der Macht des Erdreiches ließ diese aber auch unmittelbar auf den Menschen selbst einwirken. In verschiedenen Gegenden Deutschlands und Skandinaviens pflegt man das neugeborene Kind auf die Erde zu legen, von der es dann der Vater aufhebt, eine Sitte, die einst fast Gesetzeskraft hatte. Durch die Erdmacht bekam der Mensch erst Lebenskraft. Hierin mag auch der Glaube wurzeln, dass die Kinder aus der Erde kommen, meist aus Orten und

Gegenständen, die eine Verbindung mit dem Inneren der Erde herzustellen scheinen: aus Quellen und Brunnen oder Teichen, aus zerklüfteten Felsen, aus Bäumen, namentlich hohlen, die ja durch ihre unsichtbaren Wurzeln ebenfalls ins Innere der Erde führen. Auch Kranke werden jetzt noch mehrfach auf die Erde gelegt oder scheinbar begraben, oder es wird Erde auf sie gestreut, damit sie genesen.

Die Personifikation der Erde und der Kult der Erdgöttin

Die alljährlich sich erneuernde Pflanzenwelt, das ewige Sprießen und Wachsen mag schon frühzeitig die Vorstellung von der Erde als gebärende Mutter erweckt haben. Wie bei fast allen primitiven Völkern herrschte sie auch bei den Germanen. Schon der Glaube, dass die Kinder aus der Erde kommen, mag mit ihr zusammenhängen. Und ebenso kehrten die Menschen mit dem Tod zu der „Mutter Erde", wie sie in einem angelsächsischen Segen angerufen wird, zurück, weshalb man Sterbende auf die Erde zu legen pflegte. Konnten doch diese Toten wiedergeboren werden, ein Glaube, der nach dem Sammler der eddischen Lieder im Heidentum allgemein war. In diesem Glauben an die Menschen gebärende Kraft der Erde wurzelt auch die germanische Blutsbrüderschaft, das Gehen unter den Rasenstreifen, wie es nordische Quellen nennen, ein ritueller Brauch, der sich bei verschiedenen wilden Völkern noch heute findet. Freunde, die solchen Blutbund eingehen, begeben sich unter einen losgelösten und gehobenen Rasenstreifen, verwunden sich hier, mischen ihr Blut mit Erde und genießen dann gemeinsam von dieser Mischung. Von jetzt ab sind sie Brüder einer gemeinsamen Mutter, die alles gemeinsam ausführen, die die Pflicht der Rache auf sich nehmen, falls einer getötet werden sollte, die sich gegenseitig zur Totenfürsorge verpflichten.

War Mutter Erde die Leben spendende Macht, so glaubte man sie auch nach menschlicher Seite befruchten zu können. So errichtete man phallische Gebilde aus Stein, ein bis zwei Meter hoch, von denen eine stattliche Anzahl in Skandinavien erhalten ist. Auch in Deutschland sind solche gefunden worden. Während hieraus noch der reine Naturdienst spricht, weiß Tacitus vom Kult einer Erdgottheit, der *Nerthus*, zu berichten. Der Name der Göttin ist vielfach gedeutet, wahrscheinlich bedeutet er „die Unterirdische". Zu ihrem Kult, so berichtet Tacitus, haben sich sieben Stämme Norddeutschlands vereint. Ein heiliger Hain auf einer wohl der dänischen Inseln (Seeland) ist ihr Heiligtum. Hier steht, von Tüchern behangen, ihr Wagen. Wenn der Priester im Frühjahr das Nahen der Göttin merkt, dann führt er diesen, gezogen von weißen Kühen, durch die Gaue und überall in der Amphiktyonie[2] herrschen große Feste, bis er dem Heiligtum zurückgegeben wird und die Knechte, die der heiligen Handlung beigewohnt haben, in einem See der Göttin geweiht werden. Zuvor wird noch der Wagen der Göttin in dem Heiligen See gebadet, damit durch diese Handlung auch der für die Fruchtbarkeit der Äcker wichtige Regen erlangt werde. Diesen Nerthuskult haben dann die Haruden mit nach Norwegen gebracht, wo die Nerthus im Lauf der Zeit zur männlichen und später zur Gottheit des Meeres und der Schifffahrt geworden ist (Magnus Olsen).

---

[2] *In der Antike Staatenverband aufgrund kultureller und religiöser Gemeinsamkeiten. Quelle: services.langenscheidt.de/fremdwb/fremdwb.html (aw)*

Einem ganz ähnlichen Kult begegnen wir ungefähr 1000 Jahre später in den fruchtbaren Gefilden von Schweden, in deren Mittelpunkt das Heiligtum von Altuppsala steht. Nur galt er hier nicht der Mutter Erde, sondern dem *Fricco*, den isländische Quellen *Freyr* nennen. Fricco heißt „der Gatte" schlechthin. Sein Verhältnis zur mütterlichen Erde lehrt sein Bild, das Adam von Bremen beschreibt, wonach der Gott mit großem Zeugungsglied dargestellt war. Als Gatte der Erde war dieser Fricco-Freyr zum Gott der Fruchtbarkeit der Felder und zugleich der Menschen geworden, weshalb man ihm bei Hochzeiten Libationen darzubringen pflegte. Ein junges Weib versah als Priesterin seinen Kult. Mit ihr lebte der Gott in Ehe, mit ihr fuhr er während des Winters durch die Gaue, und überall, wohin er kam, wurde er festlich empfangen, denn von seinem Willen war gut Wetter und Fruchtbarkeit des neuen Jahres abhängig.

Die Verkörperung der Naturmächte

Macht ist ein abstrakter Begriff. Mit solchem rechnet der primitive Mensch nicht. Er sieht die Wirkungen der Elemente, die Erscheinungen in der Natur, Vorgänge im menschlichen Leben, denen gegenüber er machtlos ist, die er sich nicht erklären kann. Und so sucht er hinter ihnen Lebewesen, denen er das ihm Unverständliche zuschreibt. Diese wähnt er bald in Tier-, bald in Menschengestalt, aber in einer Gestalt, die sich von der des natürlichen Menschen meist wesentlich unterscheidet. So ist in der Volksphantasie die Schar der dämonischen Wesen entstanden, die die Umwelt bevölkert, die sich den Menschen gegenüber bald wohlwollend, bald feindlich zeigen. Das Element, in dem sie ihre Heimstätte haben, hat ihre Charaktereigenschaften, die Vorstellung von ihrer Gestalt beeinflusst. An sie knüpft sich der Mythos. Die Phantasie arbeitet weiter. Menschliches und tierisches Tun und Treiben wird ihnen zugeschrieben und verbreitete Märchenmotive werden mit ihnen in Verbindung gebracht. Hieraus erklärt sich, dass diese Wesen nicht bei allen germanischen Stämmen in gleicher Weise erscheinen, dass sie im Lauf der Zeit sich vielfach verändert und gegenseitig beeinflusst haben. Aber die Verbreitung ihrer Namen bei allen germanischen Stämmen spricht dafür, dass sie in ihrem Ursprung der gemeingermanischen Zeit angehören. Offenbar haben diese Wesen auch manistische Vorstellungen mit eingewirkt, der Glaube, dass in ihnen Verstorbene fortleben und wirken.

Belebt sind vor allem die Gewässer, namentlich Flüsse und Seen. Sie sind nach dem Glauben unseres Volkes vielfach Heimstätten tier- und menschenartiger Wesen, die hier in kleiner, dort in riesiger Gestalt begegnen. In allen germanischen Ländern trifft man den Wassergeist Nix (ahd. *nihhus*, ags. *nicor*, an. *nykr*), bald als männliches, bald als weibliches Wesen, meist hässlich, mit grünem Haar und grünen Zähnen, im Norden zuweilen in Stier- oder Rossgestalt. Es sind Wasserdämonen, die die Menschen in ihr feuchtes Reich locken oder mit Gewalt ziehen und die gefährlicher sind, je größer und gefährlicher das Gewässer ist, in dem sie leben. Daher heißt der Wassergeist in Ober- und Mitteldeutschland Hakemann, weil er die Menschen mit einem Haken in die Fluten zieht. Noch heute herrscht vielfach der Glaube, dass ein Fluss, ein See zu bestimmten Zeiten sein Opfer verlange. Ganz besonders fordert das Meer solche und daher herrschte bei den am Meer wohnenden Nordgermanen die Vorstellung von einem Menschen verschlingenden Dämon des Meeres in weiblicher Gestalt, der Rán (schwed. *Sjörå*), der Herrin des Meeres, die mit ihrem Netz alle zu fangen sucht, die sich auf das Meer wagen. Wer auf dem Meer ertrinkt, fährt zu ihr: wen man ins Wasser wirft, weiht man ihr. Ihr gegenüber tritt im Volksglauben ihr Mann Aegir, das personifizierte Meer, zurück und hat nur durch seine Verknüpfung mit den Asen in der späten nordischen Dichtung einige Bedeutung erlangt. Dagegen sind die neun Töchter der *Rán*, personifizierte Wesen der Meereswogen, ganz nach der Mutter geartet und bieten bei heftigen Seestürmen den Schiffen ihre Umarmung an. – Das große Weltmeer, das um die Länder herumliegt, hat bei den Nordgermanen auch den Glauben entstehen lassen, dass ein mächtiges Ungetüm in Schlangengestalt der *Miðgarðsormr* oder *Jǫrmungandr*, die Erde umspanne, und wenn das Meer tost, so glaubte man, dies Ungetüm schwelle im Riesenzorn.

Ertrinkt der Mensch im Wasser, so liegt die Vorstellung nahe, dass er auch im Wasser fortlebt. Daher hat die Rán auch ein Reich wie die Hel, und die Wassergeister sind zuweilen spukende Tote, die im Wasser ertrunken sind. Als Aufenthaltsort solcher galten u. a auch die nordischen Wasserfälle. So ging der Isländer nach dem Tod in den Wasserfall seiner Heimat, dem er während seines Lebens geopfert hatte, und in derselben Nacht zog er seine stattliche Schafherde zu sich, denn sämtliche Schafe stürzten sich in den Wasserfall.

Nicht immer tritt bei der Personifikation der Gewässer das Dämonenhafte, Menschenraubende in den Vordergrund. Auch die Nixe sind manchmal dem Menschen gewogen, helfen ihm oder stehen ihm ratend und zukunftskündend zur Seite. Besonders sind es die Nixinnen, die vor allem die Menschen durch ihre schöne Stimme bezaubern und die im Märchen öfter mit den Menschen eheliche Verbindungen eingehen. Hier berühren sich die Wassergeister mit den elfischen Wesen, mit denen der Glaube der Germanen die ganze Natur, die Umgebung der Wohnstätten und diese selbst bevölkert hat. Die Volksphantasie hat sie sich in der mannigfachsten Weise ausgestaltet: bald schön und zierlich, bald klein und hässlich, bald groß und unschön. Meist erscheinen sie dem Menschen gegenüber hilfreich, doch können sie auch leicht verletzt werden und suchen sich dann zu rächen. Das Märchen und Märchenmotiv hat sich mit besonderer Vorliebe um diese Gestalten gewunden, und durch Vermengung mit manistischen Glaubensvorstellungen hat sich an sie ein gewisser Kult geknüpft, wie man ihn bei der Totenverehrung findet.

Zu diesen Gestalten gehören in erster Linie *Elfen* und *Wichte*. Beide Worte haben einst eine umfassendere Bedeutung gehabt, als man heute in ihnen findet. Sie bedeuten „das geisterhafte Wesen" in der Natur im Allgemeinen. Daher kennen die ags. Quellen *landylfe, wæterylfe, sælfe*, wie die nordischen *landvættir* (Landgeister), *meinvættir, hollarvættir* (schadende und gütige Geister). In der englischen Volksdichtung treten aber allmählich die Elfen als freundliche Wesen in den Vordergrund, und in dieser engeren Bedeutung ist das Wort nach Deutschland gekommen, wo es mit der Zeit im Sprachgebrauch die alten Elbe, kleine listige Wesen, verdrängt hat. Auch der Begriff „Wicht" ist im Lauf der Zeit eingeengt worden, so dass sich das Wort, das in „Wichtelmännchen" fortlebt, heute fast mit Zwerg deckt.

In heidnischer Zeit erschienen die Elfen bald als freundliche, bald als schädigende Wesen und genossen einen besonderen Kult, indem man ihnen zu gewissen Zeiten Mahlzeiten bereitete *(alfablót)*. Sie begegnen oft noch heute in der

Volksphantasie als schöne Mädchen, die im Sonnenschein oder auf feuchtem, nebligem Gelände, besonders bei Mondschein, ihr Spiel treiben oder in Hügeln hausen und den Menschen durch ihre liebliche Stimme locken. Aber Elfen können auch Krankheit und Unwetter über die Menschen bringen. In dieser Tätigkeit berühren sie sich mit den Hexen, wie auch unser Hexenschuss im germanischen Norden *elveskud* (Elfenschuss) heißt.

Mehrfach verwandt mit den Elfen in der ursprünglichen Bedeutung des Wortes sind die *Zwerge* (ahd. *twerg*, ags. *dweorh*, an. *dvergr*). Sie sind weniger Gestalten des Volksglaubens als der Märchendichtung. In dieser sind sie klein von Gestalt, hässlich im Äußeren, aber mit gutmütigem Gesichtsausdruck. Ihre Wohnungen sind meist die Berge. Daher heißt im Nordischen das Echo „die Sprache der Zwerge". Sie selbst sind die „Bergmännlein", „Erdmännchen" („Bjergfolk" Dänemark) oder „die Unterirdischen" („Underjordiske" Dänemark). Die Volksdichtung lässt sie hier ein Völkchen bilden, das ähnlich der menschlichen Gesellschaft organisiert ist und nicht selten von Königen regiert wird (Hans Heiling; Gibich, Alberich u. a.). Zu ihrer Ausrüstung gehört die Tarnkappe, ein Gewand, durch das sie sich jederzeit unsichtbar machen können. Besonders hervor treten die Zwerge durch ihre Geschicklichkeit: alle feineren Metallarbeiten werden von ihnen geliefert. Daher sind sie die Schmiede schlechthin. Die Ausrüstungen der Götter, Thórs Hammer, Óðins Speer, Freys goldener Eber, sind Arbeiten der Zwerge. Der Metallreichtum des Gesteins hat zu diesen Vorstellungen die Veranlassung gegeben. In diesem Glauben wurzelt die Sage vom kunstreichen Wieland, dem nordischen Völund, der durch seine Schmiedekunst alle Wesen an Geschicklichkeit übertrifft.

Zu den Elfen oder Wichten gehören ferner die *Landgeister* (landvættir), die einer Gegend bald Glück, bald Unglück bringen, die Hausgeister oder *Kobolde* (Heinzelmännchen, Güttgen, Butzemänner, engl. *puck, brownie*; skand. *nisse, bolvætt, tomte*), die im Haus, meist unter dem Herd oder im Gebälk ihren Sitz haben, das Haus schirmen und den Hausgenossen bei ihren Arbeiten heimlich beistehen, der Klabautermann, der Schiffsgeist, der in der Rahe sitzt und den Matrosen bei ihrer Arbeit hilft, aber das Schiff verlässt, wenn diesem der Untergang droht.

Auch die Pflanzenwelt, besonders das Ährenfeld und der Wald, ist wie von anderen Völkern auch von den Germanen mit Lebewesen in menschlicher oder tierischer Gestalt bevölkert worden. Wir erfahren von Tacitus, mit welch heiliger Scheu die Germanen ihre Wälder betraten. Noch heute wirkt die Stille oder das Rauschen der Bäume tief auf das Gemüt unseres Volkes ein. Hier im Wald hausen nach dem Glauben des Volkes die verschiedensten elfischen Wesen, bald in Frauen-, bald in Mannesgestalt: die wilden Leute, seligen Fräulein, Fanggen (Tirol), Holz-, Moos- oder Buschweibel (Mitteldeutschland), Hyllemor („Holundermutter" Dänemark), Skogsfru („Waldfrau" Schweden). In männlicher Gestalt als Waldmännlein, Schrat, Skogsman (Schweden). Die Bäume sind ihre

Wohnungen, und wenn ein solcher gefällt wird, stirbt ein Waldgeist. Nicht selten stehen auch sie den Menschen bei und erhalten zum Lohn dafür Speise. Auch bei ihnen haben manistische Vorstellungen mit eingewirkt, woraus sich ihre Proteusnatur erklärt, nach der sie bald als Eulen, bald als Geier, bald als Wildkatzen sich zeigen. Der wilde Jäger liebt es, die weiblichen Walddämoninnen zu verfolgen. Dann suchen sie bei den Menschen ihre Zuflucht. Im Baum, der sich in der Nähe der Wohnung befindet, lebt auch vielfach der Schutzgeist der Familie oder eines ihrer Mitglieder. Daher werden bei der Geburt von Kindern oft Bäume gepflanzt, mit deren Gedeihen das Wohl des Kindes verknüpft ist. Diese Bäume werden für heilig gehalten und besonders gepflegt, und niemand darf sie ihrer Äste oder ihres Laubes berauben. Körperlich dachte man sich dieses im Baum lebende Wesen, woraus sich erklärt, dass die Bäume zuweilen bluten. Im Glauben an diesen Schutzgeist im Baum ist in der nordischen Dichtung die Esche Yggdrasil entstanden, der Schutzbaum der Götter und Menschen, an dessen Wurzeln die Schicksalsnorne ihren Sitz hat.

Während die Wald- und Baumgeister in anthropomorphischen Gestalten begegnen, haben die Feldgeister meist Tiergestalt. Jedes bewachsene Saatfeld hat im Volksglauben seinen Geist: Roggenwolf, Roggenhund, Haferbock, Kornstier, Roggensau nennt ihn der Volksmund, aber auch zuweilen den Alten, die Alte, Kornmutter, Hafermann und ähnlich. Wenn das Getreide geschnitten wird, flüchtet dieser Dämon von Garbe zu Garbe. In der letzten wird er gefangen. Diese lässt man auf dem Feld stehen oder bringt sie nach dem Gehöft, wo man sie bis zur nächsten Aussaat aufbewahrt, um dann ihre Körner unter das Saatkorn zu mischen.

Und wie im Wasser, in Wald und Flur, Haus und Hof hausen nach dem Glauben des Volkes auch im Gestein lebende Wesen. Abgeschiedene sind es, die hier weilen. Auf und in den Bergen wohnen auch geradeso wie im Meer die *Riesen* oder Hünen oder Trolle, auch Tursen (mhd. *türse*, ags. *ðyrs*, an. *þurs*, d. h. der Starke), Wesen in übermenschlicher, mächtiger Gestalt und mit ungestümer Kraft, zuweilen mit mehreren Häuptern oder Armen, hier und da auch, wie der Miðgarðsormr, in Tiergestalt, oder mit der Gabe ausgestattet, sich in Tiere verwandeln zu können, den Menschen und Göttern meist feindlich gesinnt, in der Märchendichtung, deren Lieblinge sie geworden sind, unbeholfen, tölpelhaft. Oft begegnen sie als Menschenfresser, als Leichendämonen, und machen sich fürchterlich durch ihre Einäugigkeit. Die enge Verbindung mit den Bergen lehren Worte wie *bergrisar, bergfolk, fjallgautar* (Bergmänner) und ähnliche. Die Berge sind ihre Wohnstätte. Im Pilatus in der Schweiz haust ein Riese Pilatus, im Watzmann ein Watzmann, im norwegischen Dovrefjeld ein Dovri, im Riesengebirge der Berggeist Rübezahl. Wo zwei Berge einander gegenüberstehen, wohnen zwei Riesengenossen, die sich zuweilen mit Felsblöcken werfen, woher der Volksmund die Steinblöcke in den Tälern erklärt. Große feste Bauten auf Bergen sind ihre Werke. Die nordische Dichtung erzählt von einem solchen

Riesenbaumeister, der mit den Göttern den Vertrag schloss ihnen eine feste Burg zu bauen, wenn er dafür Freyja, Sonne und Mond zum Lohn erhalte. Mit Hilfe seines Rosses Svaðilfari, das die Steine herbeischleppte, wäre er zur rechten Zeit fertig geworden, wenn nicht Loki als Stute das Ross abgelenkt hätte, so dass der Riese seine Arbeit nicht vollenden konnte.

Auch bei den Erscheinungen der Natur, bei Wind und Sturm, Hagel und Gewitter, begegnen häufig dämonische Wesen in Riesengestalt. Die nordische Dichtung kennt einen Sturmriesen Kári, einen Riesen Hræsvelgr („Leichenschwelg") in Adlergestalt, von dessen Fittichen die Winde ausgehen. Über das ganze germanische Gebiet ist die Sage vom wilden Jäger verbreitet, die ja auch viele andere Völker kennen. Letzterer wird zuweilen Führer einer Totenschar und berührt sich hierin mit dem aus diesem hervorgegangenen Wôdan. Daneben scheinen die weit verbreiteten Windspenden oder Windfütterungen (Getreide, Mehl) auf einen Kult des unpersönlichen Elementes hinzuweisen. – Im nördlichen Norwegen wurden zwei Riesinnen, þorgerðr und Irpa, verehrt, die Gewitter, Sturm und Hagel erzeugten. Sie besaßen sogar ein Heiligtum, und es wird berichtet, dass ihnen Menschen geopfert worden wären. Sie gleichen in ihrer Trägheit den südgermanischen *Hexen*, den nordischen *Trollen*, die noch heute der Volksglaube als die Wesen auffasst, die schlimmes Wetter, ganz besonders das ein Gewitter begleitende Unwetter erzeugen. In den schwarzen Wolken reiten diese durch die Lüfte. Aus ihnen kann man sie herunterschießen. Zuweilen sieht man sie auch als Krähen oder Raben in der Luft fliegen. Hieraus erklärt sich, dass noch heute bei Gewitter und Hagel vielerorts nach den Wolken geschossen wird.

Nach mittelalterlichem Volksglauben sind diese Wetterdämonen menschliche Wesen, Zauberinnen, die nächtlicherweise nach bestimmten Zauberhandlungen durch die Luft fliegen können. Auf gewissen Bergen, den Blocksbergen Norddeutschlands, halten sie dann ihre Zusammenkünfte gemeinsam mit dem Teufel, dem sie sich verschrieben haben. In diesem Hexenwahn, dem Tausende zum Opfer gefallen sind, ist altgermanischer Dämonen- und Zauberglaube mit orientalischem Teufelsglauben vermengt.

Dämonische Wesen sind es auch, die die Krankheit erzeugen. Meist werden diese Krankheitsdämonen in Wurm- oder Madengestalt gedacht, die im kranken Glied ihren Sitz haben. Aber auch in anderer Tiergestalt, als Käfer, Fliege, besonders häufig als Kröte, deutet sie das Volk. Die verschiedensten Tätigkeiten weiß man von ihnen zu berichten: bald beißen, bald nagen, bald stoßen, bald stechen, bald schießen, bald schlagen sie. Vielfach leben sie auch außerhalb des Körpers, in der Luft, im Feld, im Wald. Beim Hochstand der Sonne im Sommer ist dann ihre Schwarmzeit, zu der sich Menschen und Vieh gegen sie schützen müssen.

Endlich hat auch menschliches Tun und Handeln mythische Gestalten erzeugt. Zu diesen Wesen der Volksphantasie gehören die *Walküren*. Sie sind von Haus

aus finstere, mahrenhafte Wesen, die dem Menschen die Glieder lähmen und sie zum Kampf unfähig machen. Ihre Tätigkeit üben sie vor allem auf dem Schlachtfeld, wo sie den *val*, d. h. diejenigen, die fallen sollen, kiesen. Ags. Glossen übersetzen *vælcyrge* mit *bellona, erinnys*, und volkstümliche Namen für sie sind im Nordischen *Herfjǫtur* (Heerfessel) und *Hlǫkk* (Kette). Auf südgermanischem Boden begegnen sie als *ídisi* im Merseburger Zauberspruch, die unsichtbar über den Kämpfer die Heerfessel werfen und ihn dadurch zu Falle bringen. Ihr Erscheinen kündet Kampf und Blutvergießen. Unter dem Einfluss der Schildmädchen, jener Germanenfrauen, die nach dem Urteil des Tacitus und anderer Schriftsteller an den Kämpfen der Männer teilnahmen, sind sie in der nordischen Dichtung, besonders in den Helgiliedern, in eine höhere Sphäre gehoben. Hier haben sie unter den Helden ihre Lieblinge, stehen diesen im Kampf bei, durchreiten, bewaffnet mit Helm, Schild und Lanze, Luft und Meer, und von den Mähnen ihrer Rösser fällt Tau und Hagel auf die Erde. Hier im Norden sind auch die Walküren in engsten Zusammenhang mit Óðin als Schlachtengott gebracht. Sie erscheinen als seine Wunschmädchen, die von dem Schlachtfeld die von ihm bestimmen Toten nach Valhǫll führen, die hier den Einherjern[3] den Met kredenzen, die den Gott bei feierlichen Handlungen, wie bei dem Leichenbegängnis Baldrs, begleiten. Zu diesen Walküren gehörte auch die Sigrdrifa. Sie hatte gegen Óðins Befehl den alten Hjalmgunnar gefällt und dem jungen Agnar den Sieg erteilt. Zur Strafe für ihren Ungehorsam hatte sie Óðin mit dem Schlafdorn gestochen und bestimmt, dass sie sich vermählen, d. h. aus dem Kreis der Walküren ausscheiden solle.

Mit der Überzeugung, dass den Frauen etwas Heiliges innewohnte (Tacitus), hing es zusammen, dass die Germanen oft ihr Schicksal in die Hände von Frauen legten. Die Brukterin Veleda leitete den Bataveraufstand, den Weisungen der Gambara folgten die Langobarden, bei den Semnonen stand die Ganna in hohen Ehren. Diese Verehrung weiser Frauen fand ihr mythisches Widerspiel in dem Glauben an ein oder mehrere mächtige Wesen in Frauengestalt, in deren Hand das Geschick der Menschen, besonders ihr Ende liege. Als gemeingermanische Bezeichnung für dieses Wesen begegnet ahd. *wurt*, ags. *wyrð*, an. *urðr* = Geschick, Tod, daneben ags. *meotod*, an. *mjǫtuðr* „die zumessende Macht", mhd. die *gaschepfen* „die Schaffenden", im an. endlich das etymologisch dunkle *norn* „die Norne". Näher lernen wir diese personifizierte waltende Schicksalsmacht nur aus der nordischen Dichtung. Sie begegnet bald allein, bald sind es mehrere Schwestern, besonders häufig drei, die dem Riesengeschlecht entstammen. Eine eingeschobene Stelle der Vǫluspá nennt diese drei Schwestern *Urðr, Verðandi*

---

[3] *Einherier [m. 5; germ. Myth.] gefallener Kämpfer in Walhall [altnord.* einheri *Name für den Gott Thor, auch "Toter in Walhalla", eigentlich. "der allein kämpft", zu* herja *"Krieg führen"]. (aw) - Quelle:*
www.wissen.de/wde/generator/wissen/ressorts/bildung/woerterbuecher/index,page=3767146.html

und *Skuld*, was man als Norne der Vergangenheit, Gegenwart und Zukunft zu deuten pflegt, aber sicher gelehrten Ursprunges ist. Auch bei anderen germanischen Stämmen findet man die drei Schicksalsschwestern. Daneben begegnen zuweilen gute und böse Nornen. Dem Spruch dieser Schicksalsmacht können auch die Götter nicht entgehen: mit ihrem Erscheinen ist nach der eddischen Vǫluspa ihre goldene Zeit, ihre Freiheit dahin. Sie schaffen das Schicksal der Menschen und Götter. Ihre Wohnstätte haben sie an der einen Wurzel des Weltbaumes Yggdrasil, wo sich der nach der Hauptnorne genannte Urðarbrunnen befindet. Hier begießen sie die Wurzeln des Weltbaumes mit heiligem Nass und sind dadurch Leiter des Weltgeschickes. In diesem Glauben an die Nornen, der in einem starken Fatalismus wurzelt, hat der germanische Dämonenglaube seine höchste Entfaltung erreicht.

Die magische Handlung als Stärkung der Macht und Gesundheit und als Abwehr schädigender Dämonen

In dem Glauben, dass die Macht in der Natur nachlasse, wurzelt die rituelle magische Handlung, durch die der primitive Mensch diese zu stärken oder neu zu wecken sucht. Ihrer bedient er sich vor allem bei den Erscheinungen in der Natur, die sein wirtschaftliches Leben bestimmen und so zu seinem Wohlbefinden unentbehrlich sind. Hierzu gehört in erster Linie, vor allem beim Ackerbauern, das Wetter. Wenn Sonnenschein und Regen nicht zur rechten Zeit einsetzen, gedeiht keine Saat, und Hungersnot und Tod sind die Folgen. Aus dieser Erfahrung erklären sich rituelle Handlungen, die zunächst im Fall der Not vorgenommen worden sind, die sich aber bald zu regelmäßig sich wiederholenden Handlungen mit prophylaktischem Charakter entwickelt haben und in verblasster Gestalt als Sitte und Brauch bis in die Gegenwart fortleben. Im Moor bei Trundholm auf Seeland ist 1902 ein wichtiger Fund gemacht worden: eine goldene Sonnenscheibe, die auf einem bronzenen Wagen von einem Pferd gezogen wird. Mit gutem Recht hat man hierin einen Weihegegenstand gefunden, durch den man bei Misswuchs der Sonne neue Lebenskraft und Wärme hat zuführen wollen. Es ist ja eine bei allen Völkern gemachte Beobachtung, dass Bilder und plastische Nachbildungen gewisser Gegenstände diese selbst vertreten und dass man auf sie durch die Nachbildung einzuwirken, seinen Willen geltend zu machen glaubte. Von dieser Beobachtung und jenem Sonnenbild aus werden auch die zahlreichen Darstellungen des Sonnenrades verständlich, die man in den Hällristningar, den Felsenzeichnungen des skandinavischen Nordens aus der Bronzezeit, findet. Ebenso die Sonnenringe, die zahlreiche vorgeschichtliche Funde aufweisen. Das Bild war die Sonne, die der Bildner in den Bannkreis seines Willens zog und deren Licht und Wärme er durch jenes zu stärken glaubte. Als prophylaktische Handlung begegnet dieser Brauch bis in die Gegenwart noch vielfach bei allen germanischen Stämmen. Wenn im Frühling die Feuer auf den Bergen lodern, die selbst als Substitut der Sonne dem jungen Himmelsgestirn neue Macht zuführen sollen, entzünden an diesen die Burschen der bayerisch-alemannischen Gaue eine mit Werg umwundene Scheibe und schleudern sie brennend in die Luft während bei den Sachsen und Franken ein brennendes Rad den Berg hinabgerollt wird. Hierin lebt ein alter Sonnenritus fort, der sich zeitlich bis ins 11. Jahrhundert zurückverfolgen lässt und der, wie heute, schon damals zur Zeit des Frühlingsanfanges geübt wurde.

Wie die Sonne zu Licht und Wärme, so soll der Himmel zum Regen gezwungen werden, wenn allzu große Trockenheit das Wachstum der Saat unterbindet. Schon Burchard von Warms berichtet, wie bei anhaltender Dürre die Dorfgenossen ein nacktes Mädchen hinaus an den Bach führen, es dort unter dem Gesang von Liedern, worunter jedenfalls Zauberformeln zu verstehen sind, mit Wasser besprengen und dann das rückwärtsgehende Kind nach dem Dorf zurückbringen in der festen Überzeugung, dass nun bald Regen eintreten werde. Auch hier ist die Handlung in der Not zum prophylaktischen Ritus geworden. Daher spielt das Besprengen oder Eintauchen in Wasser, das schon beim Nerthusfest geübt wurde, in den Frühlingsgebräuchen eine so wichtige Rolle. Der Pflug, den die Mädchen im Frühjahr durchs Dorf ziehen müssen, das Laubmännchen zu Pfingsten, der Maibaum, ja selbst der Erntemai und die Träger der letzten Garbe werden mit Wasser begossen, damit der Himmel zur rechten Zeit Regen spende.

Durch ähnliche magische Handlungen sucht man die Fruchtbarkeit der Erde zu fördern. Man sieht aus dem Ei das lebendige Junge schlüpfen, also birgt es frisches Leben, und dieses lässt sich auf die Vegetation und den Menschen übertragen. Daher werden im Frühjahr bei der Aussaat Eier in die Äcker vergraben, und der Pflug, der die erste Furche schneidet, muss über Ei und Brot gehen. Auch unter Obstbäume vergräbt man Eier, damit sie ertragreich werden, auf Wiesen, damit diese dem Vieh reiches Futter geben. – Zu den magischen Handlungen, durch die man die Erde fruchtbar zu machen gedenkt, gehört auch der Umzug des Pfluges durch junge Mädchen, gegen den schon der *Indiculus superstitionum* eifert, der sich aber mehrfach bis in die Neuzeit erhalten hat. Begleitet von dem Sämann wird der Pflug unter Spiel und Gesang durch und um das Dorf nach dem Feld gefahren und dann mit Wasser begossen. Der Pflug gilt als Phallus, der die Erde befruchtet. Aus diesem Pflugritual ist im Norden die Mythe entstanden, dass einst die Göttin Gefjon von Gylfi so viel Land erhalten habe, als sie mit vier Ochsen an einem Tag umpflügen könne. Und so sei die Insel Seeland vom Festland losgerissen worden. Aber diese magischen Handlungen sollen nicht nur den Elementen und der Umwelt neue Macht zuführen, sondern auch Menschen und Tieren, und vor allem feindliche dämonische Mächte fernhalten, sie abwehren. Wie das Ei der Erde Fruchtbarkeit bringt, so auch den Lebewesen, namentlich den Menschen, und mit ihr zugleich Kraft und Gesundheit. Hieraus erklärt sich der noch im Volksbrauch fortlebende Genuss der Eier beim Erwachen der Natur im Frühling oder am Hochzeitstag, das Mischen frischer Eier oder wenigstens deren Schalen unter das Futter des Viehes und ähnliches. Besonders am Gründonnerstag (die sog. Antlasseier) oder am Karfreitag oder zu Ostern gelegte Eier bringen Kraft und Gesundheit. In der *Benedictio ovorum* hat die mittelalterliche Kirche diesen Glauben unter ihre Fittiche genommen und weiht die Eier, damit ihr Genuss den Gliedern der Kirche Kraft und Gesundheit gebe.

Doch nicht nur die Fruchtbarkeit, Kraft und Gesundheit fördernden Gegenstände dienen als Mittel, feindliche Gewalten fernzuhalten, sondern auch zahlreiche Dinge aus dem Gesteins- und Pflanzenreich, Zeichen und Buchstaben, auch Tiere, denen man außergewöhnliche Macht zuschreibt. Zu den ältesten gehören die aus Stein oder Erz hergestellten Gegenstände, vor allem der Donnerkeil. Ihre Anzahl ist unter dem Einfluss antiker und später orientalischer Glaubensvorstellungen stetig gewachsen, namentlich hat die Bekanntschaft mit Plinius' *Historia naturalis* viel dazu beigetragen, das Christentum hat ihr Einströmen nicht hemmen können, und so lässt sich schwer bestimmen, welche von diesen Dingen mit magischer Kraft schon in heidnisch germanischer Zeit als Abwehrmittel galten, und welche erst später unter römischem oder orientalischem Einfluss aufgenommen worden sind.

In ihrer ursprünglichen Auffassung die schädigenden Dämonen zu vertreiben, zeigt sich die magische Handlung bei den schon erwähnten Sonnen- und Mondfinsternissen. Fast über die ganze Erde verbreitet ist der Glaube, dass man durch Geschrei und Lärmen mit metallenen Gegenständen die Unholde verjagen könne, die die Himmelsgestirne zu verschlingen drohen. Gegen diesen Glauben als heidnischen Wahn bei den Germanen eifern die frühmittelalterlichen Bußordnungen und Konzilien. Solche abwehrende magische Handlung zeigt auch die weit verbreitete Sitte, bei Gewittern oder zu bestimmten Jahreszeiten, in denen die Unheil bringenden Geister ganz besonders ihr Wesen treiben, oder bei Festlichkeiten, vor allem bei Hochzeiten, zu schießen und dadurch die Unglücksgeister zu beseitigen oder sie fernzuhalten. Gegen Krankheiten und Krankheit bringende Dämonen helfen ferner alle sichtbaren Elemente: das Wasser, das Feuer, Erde. Tau, besonders Maitau, Märzenschnee u. a. säubern alle Unreinheiten der Haut. Zahlreich sind die Pflanzen, die gegen Behexung dienen, wenn man sie bei sich trägt oder am Haus an geeigneter Stelle anbringt. So die Mistel, die Alraunwurzel, das Johanniskraut, das vierblättrige Kleeblatt, Rosmarin, die Birke, die Weide u. a. Auch bestimmten Tieren wohnt magische und Unheil abwehrende Kraft inne: man schirmt durch sie das Haus vor Unglück, vor allem vor Blitzschlag und Feuer. Hierher gehören der Storch, die Schwalbe, das Rotkehlchen. Andere ziehen Krankheiten an sich, wie der Kreuzschnabel, der Gimpel. Ferner besitzen allerorten gewisse Gegenstände schützende, Dämonen abwehrende Zauberkraft. Wo ein Donnerkeil im Haus liegt, schlägt kein Blitz ein. Die Schwelle, auf der ein auf der Straße gefundenes Hufeisen festgenagelt ist, die kreuzweise über der Tür angebrachten Besen (die so genannten Donnerbesen), in christlicher Zeit das Weihwasser oder die am Türpfosten angeschriebenen Anfangsbuchstaben der heiligen drei Könige (C+M+B+) lassen keinen bösen Geist ins Haus. An den Türen der Zimmer und an Bettstellen sieht man vielfach den Druden- oder Mahrenfuß, das Pentagramm zum Schutz gegen schädigende Dämonen. Einzelne Personen oder Tiere schützen Amulette, meist mit geheimnisvollen Inschriften, vor Gefahren. Den Kriegern werden so genannte Himmelsbriefe auf die Brust gebunden, damit sie schussfest sind. Zu dem Zeichen und der Schrift gesellt sich das Wort, der Zauberspruch. Gegen alle möglichen Krankheiten gibt es Besprechungsformeln, gegen Diebstähle den Diebesbann, der den Dieb an dem Ort seiner Tat festhält, gegen Feuerbrand den Feuersegen. Bei all diesen magischen Handlungen gehen alte Vorstellungen und neue, die aber nach Analogie der alten entstanden sind, bunt durcheinander. Eine ganz besondere Rolle spielt hierbei das Blut, sicher auch bei den Germanen eines der ältesten Mittel, durch das man neue Macht erlangen zu können glaubte. Das Blut ist der Sitz des Lebens und erneuert das Leben. Es ist noch nicht zu lange her, dass man sonst etwas für einige Blutstropfen eines Hingerichteten gab: diese heilen gefährliche Krankheiten, schützen gegen Fieber und bringen Glück ins Haus. Auch in gewissen Handlungen liegt magische Kraft: ist man sehr erschrocken, so soll man dreimal ausspucken, damit der Schreck nicht schadet. Das Anhauchen schützt und heilt. Dreimal wird die junge Frau um den Herd ihres neuen Heimes geführt, wenn sie Glück haben soll. Auf entblößte Teile des Körpers pflegten sich die alten Germanen zu schlagen und hielten dadurch die Gegner von sich fern oder schirmten sich gegen den Bösen Blick (s. d.). All dieser Glaube an die Unheil abwehrende Kraft der Wesen oder Dinge wurzelt im Grunde in dem Wahn, dass diesen Dingen eine besondere Macht innewohne, der im Volksglauben noch heute vielfach fortlebt.

Zauber

Während die magische Handlung von jedermann geübt werden kann und nicht selten die gemeinsame Handlung einer Interessengemeinschaft ist, liegt die eigentliche Zauberhandlung in den Händen weniger, die nach dem Glauben des Volkes eine besondere Macht besitzen, mit deren Hilfe sie die Macht der Elemente und Dinge beeinflussen können. Das sind die Zauberer und Zauberinnen, die trotz aller christlichen Mahnungen und Verordnungen im Glauben des Volkes bis in die Gegenwart fortleben. Bei den Germanen sind es in geschichtlicher Zeit vorwiegend Frauen, denen man Gewalt über die Dinge durch die Zauberhandlung zuschreibt. Es sind jene Wesen, die im Volksglauben noch lange als Hexen, im Norden als Völven fortleben. Aber daneben haben in heidnischer Zeit auch Männer den Zauber geübt. Das sind die nordischen *seiðmenn*, von denen Eiríkr blóðöx auf Befehl seines Vaters Harald in Uppland 80 verbrennen ließ, darunter einen seiner Brüder. Als ein des Zaubers besonders kundiger Mann begegnet der isländische Skalde Egill: er errichtet die Hohnstange mit dem nach dem Lande gekehrten Pferdeschädel und den Unheilsrunen, als er Norwegen verlässt, und zaubert durch sie alles Unglück über König Eirík und die Königin Gunnhild. Er erkennt die Runen, die in einen Fischkiemen geritzt unter dem Kissen eines kranken Bauernmädchens liegen, sofort als falsch und weiß an ihre Stelle heilkräftige Zeichen zu ritzen. Durch solche heilende Tätigkeit wird der Zauberer zugleich Arzt. Deshalb ruft die Sigrdrífa unter anderem Lehren Sigurð zu:

> Astrunen lerne, willst Arzt du werden
> und wissen, wie Wunden man heilt:
> in die Borke schneid sie dem Baum des Waldes,
> der die Äste nach Osten neigt.

In der nordischen Zauberkunst, von der wir sehr zahlreiche Beispiele aus heidnischer Zeit haben, hat sich zeitig zur heimischen Kunst eine fremde gesellt, die finnische Zauberkunst. Noch heute gelten die Finnen und Lappen als Meister der Magie. Die Zauberei beherrscht ihre ganze Religion. So war es schon in alter Zeit. Norweger lernten bei den Lappen das Zauberhandwerk, so die Königin Gunnhild. Aus Finnmarken holte man sich Zauberer, wenn es galt, einen besonders kräftigen Zauber gegen jemand zu üben. „An die Finnen glauben" oder „zu den Finnen gehen" war eines der wichtigsten Verbote der norwegischen Gesetze nach Einführung des Christentums. Einen Einblick in das Zauberwesen in heidnischer Zeit geben uns nur die nordgermanischen Quellen. Danach besteht der Zauber aus der Zauberhandlung (an. *seiðr*, zaubern = fremja seið) und dem Zauberspruch. Dieser heißt ahd. *galstar*, ags. *gealdor*, an. *galdr* oder as. ahd. *spel*, an. *spjall* oder an. *ljóð* und zerfällt in den epischen Eingang, der erst späteren Ursprungs ist, und die Zauberformel. Überwiegend gebraucht der Zauberer seine Gewalt über die Macht der Erscheinungen und Dinge, um seinen Mitmenschen Schaden zuzufügen. Neben diesem bösen Zauber, der schon in heidnischer Zeit verurteilt wurde, gibt es aber auch einen Heil bringenden Zauber, der besonders im Ritual eine Rolle spielt. Durch ihn sollen die Elemente gezwungen werden, den Menschen ihre nutzbringenden Kräfte zuzuwenden oder Unheil zu bannen. Durch diesen Zauber vermag man sich auch mit den Toten in Verbindung zu setzen und sich diese dienstbar zu machen. Hierdurch wird der Zauber eine der wichtigsten Begleiterscheinungen der Prophetie, denn oft sind es die Abgeschiedenen, die dem Seher die Ereignisse ferner Gegenden und zukünftiger Zeiten künden. Außerdem bedienten sich die Zauberer vielfach der Runen, von denen man annahm, dass ihnen eine ganz besondere Macht innewohne, durch die man die Ereignisse lenken könne.

Die *Runen* sind die ältesten Schriftzeichen der Germanen. Außer zu kurzen Aufzeichnungen wurden sie von unseren Vorfahren zum Zauber verwandt, wie ja auch viele andere Völker Buchstaben dazu verwenden. Ja es ist sogar sehr wahrscheinlich, dass der Runenzauber unter griechischem Einfluss zu den Germanen gekommen ist (M. Olsen). In allen Stellen, wo die Runen erwähnt werden, ist vom Zauber die Rede, in keinem der zahlreichen Belege, die von der Weissagung sprechen, begegnet das Wort Rune. Demnach sind die Runen nur zum Zauber, nicht zur Prophetie verwandt worden, und nur indirekt spielten sie bei dieser eine Rolle, indem man mit ihrer Hilfe die Geister berief, von denen man die Zukunft erfahren wollte. Deshalb steht das 10. Kapitel der Germania, wo von dem Loswerfen der Germanen die Rede ist, mit den späteren Runen in keinem Zusammenhang. Überhaupt haben sich diese erst in der Frühzeit der germanischen Völkerbewegung über Deutschland, England und Skandinavien verbreitet. Nördlich vom Schwarzen Meer, an der unteren Donau, wo seit dem 2. Jh. n. Chr. gotische Volksstämme saßen, hatte sich eine besondere altgermanische Kultur entwickelt, deren Wurzeln griechisch-byzantinische und weströmische Kultur waren. Hier ist um 200 in Anlehnung an das griechische und lateinische Alphabet das Runenalphabet mit seinen 24 Zeichen und seinen drei Reihen entstanden. Die auffallende, von den alten Alphabeten abweichende Reihenfolge der Zeichen und deren Benennung lassen vermuten, dass es zu magischen Zwecken gebildet und ursprünglich verwandt worden ist wie die Buchstaben bei den Griechen. Von hier aus gelangte es auf der Weichselstraße nach Norddeutschland, wo es sich bald nach Westen und Südwesten fortpflanzte und von wo es nach England und Skandinavien kam. Erst um 300 n. Chr. findet man hier Gegenstände mit Runen, von denen einzelne sicher magischen Zwecken gedient haben. Kein Fund vor dieser Zeit hat solche oder den bekannten Runen auch nur ähnliche Zeichen. Mit den Zeichen waren zugleich ihre Namen nach dem Norden gekommen. Durch diese vertraten sie im Bild gewisse Wesen und Gegenstände, und wer Gewalt über die Runen hatte, besaß zugleich die Herrschaft über die Dinge, die sie bezeichneten. So gehörte in den letzten Jahrhunderten des Heidentums Runenkenntnis zum Zauber, und Wôdan-Óðin, der Gott des Zaubers, war ihr Herr und Meister. Runenzauber trat zur alten Zauberhandlung und zum Zauberspruch. Von letzterem scheint auch das Wort „Rune" (ahd. *rûna*, an. *rún*) übernommen zu sein, denn dies bedeutet ursprünglich das geheimnisvolle Murmeln und ist erst später auf die Zeichen übertragen worden. Durch den rechten Gebrauch dieser Runen, berichten die eddischen Hávamál, kann man Sieg erlangen, sich vor Betörung der Frauen schützen, die Wellen beruhigen, Wunden heilen, sich Redegewandtheit und Denkkraft aneignen. Durch Runen heilt der Skalde Egill das kranke Bauernmädchen, durch Runen macht er das Gift unschädlich, das die Königin Gunnhild ihm ins Horn hat füllen lassen. Runen hatte eine Zauberin in den Holzklotz geritzt, der dem Skalden Grettir den Tod brachte. Mit Androhung des Runenzaubers, der ihr Wahnsinn und Raserei bringen sollte, zwang Skirnir die Gerð zur Liebe zu Frey. Durch Runen machte Óðin die Rinda wahnsinnig, als sie seine Liebeswerbung nicht annehmen wollte. Eine besondere Kraft erlangen die Zeichen, wenn sie mit Blut gefärbt sind, dem Lebenssaft und wirksamsten Zaubermittel aller Völker.

Neben dem Runenzauber begegnet bei allen germanischen Stämmen der Zauberspruch, und zwar bald mit, bald ohne Verbindung mit dem Runenzeichen. Zu den frühesten Zeugnissen altdeutscher Poesie gehören die Merseburger Zaubersprüche, von denen der eine ein lahmes Ross heilen, der andere gefangene Schützlinge und Freunde entfesseln soll. Ähnliche Zaubersprüche finden sich in späteren Zeiten bei allen germanischen Stämmen in großer Zahl. In den nordischen Hávamál rühmt sich ein Zauberkundiger, die Sprüche zu kennen, die Krankheiten heilen, den Stahl des Gegners stumpf machen, Fesseln springen lassen, Pfeile im Flug hemmen, Gegnern Unglück bringen, Feuer löschen, Streit schlichten, Seewind beruhigen, Hexen bannen, Heil im Kampf erhalten, Tote erwecken, Freunde feien, Liebeslust bei Mädchen erregen. So ist der Zauber ungemein mannigfaltig.

Eine besondere Art ist der Mahren- oder Hexenzauber. Danach kann der Zauberer aus seinem Körper schlüpfen, aus der Haut fahren, andere Gestalt annehmen und in dieser den Menschen Unheil zufügen. Er ist, wie es in nordischen Quellen heißt, *eigi einhamr*, fähig zum Gestaltenwechsel und hüllt sich dann besonders häufig in Tiergestalt. Aber was mit der angenommenen Gestalt geschieht, geschieht zugleich auch mit der eigenen Körperhülle, die während dieses Wandelns wie tot daliegt. Vor allem Krankheiten und Unwetter erzeugen soll der Zauber. Als Friðþjófr im Auftrag der Könige Halfdan und Helgi den Tribut von den Orkneyen holen sollte, da ließen ihm jene durch zwei Zauberweiber, die sich in Walfischgestalt aufs Meer legten, heftigen Sturm und Unwetter erregen. In der Schlacht, die Jarl Hákon von Norwegen 986 den Jomsvikingern lieferte, standen ihm zwei göttlich verehrte Schwestern bei, die Hagelwetter, Blitz und Sturm gegen die Schiffe seiner Feinde schickten. Noch heute wird in verschiedenen Gegenden Deutschlands bei Gewitter und Hagel in die Luft geschossen, weil man dadurch die Unwetter erzeugenden Hexen zu vertreiben hofft. Gegen den Glauben an solchen Zauber eifern die frühesten christlichen Bußordnungen und Gesetze. Die magische Kraft, dem Menschen zu schaden, zeigt sich zuweilen schon in den Augen. Wie bei vielen Völkern lebt auch bei allen germanischen Stämmen der Glaube an den „bösen Blick", mit dem verschiedene Personen, besonders Frauen, behaftet sind und die zugleich Zauberkraft besitzen. Schon dieser Blick, der bald angeboren, bald durch Zauber erlangt ist, schadet und bringt Krankheiten, Abmagerung, Verstümmelung über Menschen und Vieh.

Weissagung und Los

Mit dem Zauber hängt vielfach die Weissagung zusammen. Aus der letzten Zeit des Heidentums besitzen wir einen Bericht über altheidnische Prophetie, der aufklärt über diesen Zusammenhang und der zugleich ein Bild über die Förmlichkeiten beim Zauber im germanischen Norden gibt. Die Erzählung spielt in dem von Isländern besiedelten Grönland. Krankheit und Unwetter haben die isländischen Kolonisten lange heimgesucht. Da lässt ein reicher Bauer eine Wahrsagerin zu sich entbieten, um von ihr zu erfahren, ob das Unheil bald nachlasse. Diese erscheint in festlichem Schmuck (nach anderer Überlieferung sind solche Völven von einer Anzahl Knaben und Mädchen begleitet). Ihr dunkelblauer Mantel ist mit Steinen besetzt, eine Perlenkette ziert ihren Hals, eine Mütze aus Lammfell ihr Haupt. In der Hand trägt sie den Zauberstab (*vǫlr*, wonach diese Zauberinnen *vǫlr* hießen), an ihrem Gürtel hat sie eine Ledertasche mit dem Zauberwerkzeug *(taufr)*. Nach ehrfurchtsvoller Begrüßung wird sie auf den Hochsitz geführt und erhält dann das Mahl, wie es Völven zu empfangen pflegen: Grütze, mit Ziegenmilch bereitet, und dazu die Herzen aller geschlachteten Tiere. Erst am nächsten Tag werden die Vorbereitungen zum Zauber getroffen. Aber es fehlt das Gefolge, das die Lieder *(varðlokkur)* singt die die Geister einschließen und festhalten sollen. Endlich findet sich eine Christin, die sie von ihrer Mutter gelernt hat, und nachdem sie sich hat überreden lassen, das Lied zu singen, und sich die Völve auf den Zauberkessel *(seiðhjall)* gesetzt hat, kann sie mit den Geistern verkehren, und nun kündet die Frau alsbald die Zukunft.

Durch den Zauber setzte sich die Völve mit den Geistern in Verbindung, durch ihn machte sie sich diese dienstbar. Durch zahlreiche andere Zeugnisse wird dieser Glaube bestätigt. So sagt ein zauberkundiges Weib auf Island: „Weit habe ich die Geister umher getrieben, und nun weiß ich viele Dinge, die mir bisher unbekannt waren." Aus diesem Dienst der Geister erklärt es sich, dass in allen germanischen Ländern die Weissagung besonders kurz nach eingetretenem Tode eines Menschen gepflegt wurde oder zu Zeiten, in denen man die Abgeschiedenen in der Nähe der menschlichen Wohnungen wähnte, vor allem zur Zeit der winterlichen Sonnenwende, oder an Orten, wo sie nach dem Volksglauben hausten: an den Gräbern, an Bergen, Flüssen, Kreuzwegen.

Aus diesem Verkehr mit den Toten erfährt man bestimmte Ereignisse, die sich in der Zukunft oder an einem entfernten Ort zutragen. Aber auch noch auf andere Weise konnte man die Zukunft erfahren. Die Männer namentlich durch gewisse Erscheinungen beim Opfer, wie aus den zuckenden Herzen der getöteten Feinde, oder durch eine Frage an das Götterbild, wobei das Stabwerfen eine gewisse Rolle gespielt haben mag. Man warf Stäbchen mit bestimmten Zeichen auf ein Tuch und las aus deren Lage die Antwort der Frage ab. Das ist das nordische *ganga til fréttar* „zur Befragung gehen". Wie dieses jedoch näher vor sich ging, erfahren wir nicht. Ungleich häufiger als die allgemeine Frage nach der Zukunft, nach dem Was, ist die Divinatio, die Frage an höhere Mächte nach dem Wie, die Frage, ob ein bestimmtes Unternehmen glücklich oder unglücklich ausgehen werde, ob etwas zu tun oder zu unterlassen sei. Die Antwort erfolgt hierbei entweder durch Vorzeichen *(auspicia)* oder durch das Los *(sortes)*. Zu jenen gehörten nach dem Zeugnis des Tacitus vor allem der Flug und die Stimme der Vögel, das Wiehern und Stampfen der heiligen, den Göttern geweihten Rösser. Daneben spielen als Vorzeichen die Träume, der Stand des Mondes, das Feuer des Herdes, die Gestirne eine Rolle. Hierher gehört auch der bis ins graue Altertum hinaufreichende Angang oder Widergang, die Beachtung der Person oder des Dinges, das einem zu Beginn eines Unternehmens beim Ausgang am Tag zuerst begegnet. Die einen Wesen (alte Frauen, Katzen, Hasen u. a.) bringen Unglück, andere (Wolf, Hirsch, Schwein u. a.) dagegen Glück.

Das Loswerfen, dessen Darstellung bei Tacitus die wünschenswerte Klarheit vermissen lässt, da aber dem *ganga til fréttar* ähnlich gewesen sein muss, war verschiedener Art und fand meist beim Opfer statt. Verwandt wurden dazu Stäbchen (ahd. *zein*, ags. *tân*, an. *teinn*) eines fruchttragenden Baumes, denen bestimmte Zeichen eingeritzt waren. Diese Zweige wurden auf ein weißes Tuch geworfen, und unter Anrufen der Gottheit und heiligem Gemurmel wurde dreimal je einer aufgehoben und gedeutet. Dies geschah, wenn in einer Staatsangelegenheit gefragt wurde, durch den Priester, in Privatangelegenheiten durch das Haupt der Familie. Die Frage war hier nur, ob ein Unternehmen auszuführen oder zu unterlassen sei, die Antworten demnach nur „ja" oder „nein", wie wir durch Cäsar erfahren. Eine zweite Art des Loses, die friesische und angelsächsische Quellen überliefern, nimmt man vor, wenn unter einer Anzahl Beteiligter der Übeltäter gefunden oder einer dem allgemeinen Wohl geopfert werden soll. In diesem Fall schneidet jeder sein Zeichen in einen Stab. Diese hebt dann der Priester einzeln auf. Das letzte Los bezeichnet den Übeltäter oder ist das Todeslos.

Der Fylgjenglaube

Festgewurzelt ist der Glaube der heidnischen Germanen an die Zwiegestaltigkeit des Menschen. In ihm wohnte ein zweites Ich, das den Körper begleitete, das ihn aber auch verlassen konnte. Das ist die *fylgia*, wie es der Nordgermane nennt, das Folgewesen. Dieses zweite Ich deckt sich nicht mit unserem Seelenbegriff. Denn während die Seele unkörperlich, transzendental ist, ist die Fylgja körperlich, kann handeln, sprechen, ja auch getötet werden. Daher ist es verständlich, dass jemand über seine Fylgja stolpern kann. An und für sich wohnt die Fylgja in dem Körper, begleitet diesen und wird oft zum Schutzgeist des Menschen. Sie rät dem Menschen, lässt ihn zukünftige Dinge voraussehen, unbekannte klären. So deckt sich *fylgia* öfter mit *hugr*, „Geist", „Verstand", und *fylgjur* sind nach den Sagas *manna hugir*. Aber die Fylgja kann auch den Körper verlassen und zeigt sich dann bald in Menschen-, bald in Tiergestalt. Nicht jeder Mensch hat die Macht, sie aus dem Körper zu senden. Wer sie besitzt, ist *eigi einhamr* „nicht einkörperlich, zwiegestaltig" oder *hamrammr* „stark im Gestaltentausch". Wenn sie der Gestaltentauschkundige ausfahren lässt, dann liegt sein Körper wie tot, während die Fylgja in Tiergestalt wandelt und ferne Orte aufsucht. Wie von Menschen wird auch von Óðin erzählt, dass ihm die Macht dieses Gestaltentausches eigen war. Während sein Körper im Schlaf wie tot dalag, war er bald Vogel oder Säugetier, Fisch oder Schlange und fuhr in dieser Gestalt in der Welt umher. Ähnliches müssen wir von Kveldulf, dem Großvater des Skalden Egil, annehmen, von dem berichtet wird, dass er sich abends zurückgezogen und niemand zu sich gelassen habe, da er *hamrammr* war. Andere Menschen lassen in der Verzückung oder durch Zauberhandlung ihre Fylgja wandern. So jene Völve, die den grönländischen Kolonisten die Zukunft kündete (S.34), oder die Zauberweiber, die die Könige Halfdan und Helgi gedungen hatten, in Walfischgestalt Friðþjóf den Untergang zu bereiten.

Trotz der Entfernung von dem eigentlichen Körper ist die Fylgjengestalt immer an diesen gebunden, und was dieser geschieht, geschieht auch ihm. Als Friðþjófr die Unwetter erzeugenden Walfische, die Fylgjen der beiden Zauberinnen durch sein Schiff angerannt und getötet hatte, waren zu gleicher Zeit die Zauberinnen vom Zaubersessel gefallen und hatte den Rücken gebrochen. Und als die Zauberin Thorveig den Skalden Kormak in ähnlicher Weise durch einen Walfisch auf dem Meer umzubringen sucht, stirbt ihr Körper zu derselben Zeit, da Kormakr den Wal getötet hatte. Ganz dieselben Vorstellungen herrschen bekanntlich in unseren Hexensagen. Wird die als Tier wandelnde Hexe getötet oder verwundet, so geschieht dies zugleich auch mit dem Körper der Hexe selbst. So besteht zwischen dem Körper und der Fylgja der innigste Zusammenhang. Durch den Mund schlüpft sie im Hauch aus diesem, nimmt sogleich körperliche Gestalt an und kehrt in dieser auch zum Körper zurück. Wenn daher Tiere, namentlich Vögel oder Kindergestalten in Gemälden des Mittelalters aus dem Mund sterbender Menschen gehen, so spricht aus dieser Vorstellung alter Fylgjen-, aber kein Seelenglaube. Fylgjen Verstorbener sind auch vielfach Schutzgeister geworden. Dann erscheinen sie in Frauengestalt und stehen dem Menschen helfend zur Seite. Seine Wurzel hat der Fylgjenglaube aller Wahrscheinlichkeit nach im Traumleben. Wenn der Körper im Schlaf liegt, weilt der Träumende an fernen Orten, verkehrt mit Abgeschiedenen und Fernweilenden, erlebt Dinge, die sich bald darauf auch in der Wirklichkeit zutragen. Die Tiergestalten, denen er dabei begegnet, sind ihm Menschen in Tiergestalt. Als Thorsteinn, der Vater der schönen Helga, geträumt hatte, dass zwei Adler sich an seinem Haus um einen Schwan entzweit und gegenseitig zerfleischt hätten, deutet sein norwegischer Gastfreund diese Tiere als Fylgjen von Männern, die sich einst wegen seiner Tochter befehden würden. Die Phantasie will gesehen haben, wie das Fylgjentier den ruhenden Körper verlässt. Als Maus, Wiesel, Schlange ist es aus dem Mund entschlüpft. Weit verbreitet ist die Sage, die in ihrer ältesten Gestalt Paulus Diaconus vom Frankenkönig Guntram berichtet. Als dieser einst auf der Jagd eingeschlafen war, träumte er, wie er in der Höhle eines Berges einen großen Schatz gesehen habe. Darauf erzählt sein Begleiter, der während dieser Zeit gewacht, wie aus des Königs Mund während des Schlafes ein Tierlein in Schlangengestalt gekommen und in den nahen Berg gekrochen und dann zu dem Schlafenden zurückgekehrt sei. Als man im Berg nachgrub, fand man auch das im Traum gesehene Gold.

Mit der Überzeugung, dass dieses menschliche Doppelwesen im Traum den Körper verlässt, hängt es zusammen, dass man unruhig Schlafende nicht stören darf, am allerwenigsten, wenn man das Tierlein aus ihrem Munde hat entweichen sehen. So erzählt Prätorius, eine thüringische Magd habe einst den Körper ihrer schlafenden Genossin, aus deren Mund ein rotes Mäuslein fortgelaufen war, in andere Stellung gebracht. Als das Tierlein wiederkehrte, habe es vergeblich nach dem Mund gesucht und sei dann verschwunden, die Magd aber war infolgedessen tot. Zu derselben Stunde so berichtet die Erzählung weiter, da die Magd in tiefem Schlaf lag, habe ihren Geliebten der Alp gedrückt. Dieser ist also die Traumfylgje der Magd gewesen. So hängt mit dem Glauben an die Traumfylgje die Vorstellung von den *Druckgeistern* aufs engste zusammen, jenen mythischen Wesen, die den Menschen während des Schlafes beunruhigen, quälen. Der Volksmund nennt sie bald Mahre (engl. *nightmare*, nord. *mara, mare*), bald Alp (Deutschland), Trude Schratl (Oberdeutschland). „Mich drückt der Alp" oder „mich reitet der Mahre" sind weit verbreitete Ausdrücke. Auch Tiere, namentlich Pferde, werden von der Mahre gedrückt und sind infolgessen am Morgen in Schweiß gebadet. Alte Sagen aus vorgeschichtlicher Zeit wissen zu erzählen, wie einst eine Mahre einen König tot gedrückt habe.

Die Auffassung vom Alpdruck wurzelt im Glauben, dass gewisse Menschen, namentlich Frauen, die Macht besitzen, im Schlaf ihren Folgegeist vom Körper zu trennen und in anderer Gestalt wandeln zu lassen. Meist geschieht das zur Last, zum Schaden der Mitmenschen. Aber auch durch Zauberhandlungen kann das Folgewesen in allen möglichen Tier- oder Dämonengestalten Unheil über die Menschen bringen. Solches tun vor allem die schon erwähnten Hexen, die nicht nur schlechtes Wetter erzeugen, sondern auch Krankheiten über Menschen und Tiere zaubern, den Kühen die Milch entziehen, Ungeziefer in die Lande führen u. dgl. Bei ihrer Tätigkeit erscheinen sie besonders häufig als Kröten, Eulen, Raben, Hunde, Katzen.

So ist der Fylgjenglaube zugleich Verwandlungsglaube. In ihm wurzelt auch der weit über das germanische Gebiet verbreitete Glaube an den *Werwolf*, d. h. Mannwolf. Der Werwolf oder Böxenwolf, wie diese Erscheinung im westlichen Mitteldeutschland heißt, ist ein Mensch, der zu Zeiten Wolfsgestalt annimmt und in dieser seinen Mitmenschen oder deren Herden Schaden zufügt. Er ist in dieser Gestalt von außergewöhnlicher Stärke und Wildheit. Schon die frühesten germanischen Quellen kennen Werwölfe, und im Volksglauben wie in Sagen von verwunschenen Menschen lebt er noch heute fort. Nach der Völsungensage hausten Sigmundr und Sinfjötli eine Zeitlang in Werwolfsgestalt, als sie einst Wolfsfelle von Werwölfen gefunden und sich in diese gesteckt hatten. Denn von Zeit zu Zeit ist es solchen Menschen bestimmt, ihre Felle abzulegen. – Auf ähnliche Glaubensvorstellungen geht der nordische *Berserkr* d. h. Bärenhäuter zurück. Ein Mensch, der sich in Bärengestalt hüllen kann, woran man in Norwegen noch heute glaubt. In geschichtlicher Zeit sind die Berserker Menschen von außergewöhnlicher Kraft, die unüberwindlich scheinen, wenn sie in Wut geraten. – Im Verwandlungsglauben mag auch der in Mittel- und Süddeutschland weit verbreitete Glaube an den *Bilmis-* oder *Bilwisschnitter* wurzeln, ein Wesen, das mit Sicheln am Fuß nächtlicherweile durch die Getreideäcker fährt und in ihnen großen Schaden anrichtet.

Das Leben nach dem Tod - der Totenkult

Die Macht, die der Mensch in seiner Fylgje besaß, ging auch mit seinem Tode nicht zugrunde. Das Folgewesen führt ein ähnliches Leben fort wie der Mensch während seines Erdenwallens. Es war auch jetzt noch an seinen Körper gebunden, hatte menschliche Bedürfnisse, besaß die Verwandlungsgabe, aber in noch stärkerem Maße, und konnte den Lebenden nützen oder schaden. Zum Nutzen der Menschen wirkten besonders die Fylgjen der Führer des Volkes der Fürsten, unter deren Herrschaft Wohlfahrt im Land und Erfolg im Krieg geblüht hatten. Wo ihr Körper begraben war, dort, glaubte man, bringe er dem Land Glück und Gedeihen der Feldfrüchte. Daher stritt man sich um die Leiche solcher Fürsten, wie um die Halfdan des Schwarzen, die man vierteilte, damit jeder Gau einen Teil des erhofften Glückes genieße. Diesen Fürsten wurde auch nach ihrem Tod göttliche Verehrung zuteil, wie dem Schwedenkönig Erich oder Óláf Geirstaðaalf, dem man die Fruchtbarkeit des Landes zuschrieb, oder Grim, dem ersten Ansiedler auf den Færöern u. a. Das sind die *ansis* (an. *æsir*), die nach dem Ausspruch des Jordanes als Halbgötter verehrt wurden.

Andererseits lebten und wirkten auch die Menschen weiter, die in ihrem Leben den Mitmenschen vor allem als Zauberer geschadet hatten. Überhaupt herrschte vor den Toten vielfach Angst. Man hielt sie für Nachzehrer, die andere Lebende nach sich ziehen und dadurch vielfach Verwirrung unter Menschen und Vieh erzeugen. Epidemische Krankheiten mögen diesen Glauben wachgerufen haben. Ganz besondere Angst aber hatte man vor den Spukgestalten, die nächtlicherweile in der menschlichen Wohnung erscheinen, dort allerhand Unheil anstiften und Menschen und Tiere rauben. In ihrer Kraft sind diese fast unwiderstehlich, und nur die kühnsten Helden können sie besiegen. Zu solchen Wiedergängern gehört u. a. Grendel im ags. Beowulf, der während der Winternacht aus dem nahen Moor kommt, in das Verbrecher versenkt zu werden pflegten, in die Halle des Königs Hrodgar einbricht, hier die schlafenden Helden raubt, tötet und verzehrt, bis Beowulf in kühnem Kampf diesem Treiben ein Ende macht. In ähnlicher Weise besiegt Grettir, der isländische Herkules, mehrere Spukgestalten in heftigem Ringkampf, als diese unter gewaltigem Dröhnen eingebrochen waren und in übermenschlicher Gestalt sich auf den ruhenden Helden geworfen hatten.

Um solche Menschen, von denen man Spuk und Wiedergang nach dem Tod fürchtete, an die Erde zu bannen, pflegte man sie zu pfählen oder zu verbrennen. Man bohrte einen Pfahl durch ihren Körper, damit sich dieser nicht von der Stelle, wo er lag, entfernen könne.

Wie im Leben war auch beim Toten das Haupt der Sitz der fortlebenden Macht. Daher wurde der spukenden Leiche der Kopf abgeschlagen und dieser zertrümmert oder verbrannt. Nur erst wenn das geschehen und dadurch die Fylgje endgültig vom Körper gelöst war, geschah dem Spuk Einhalt. In dem Glauben, dass nur durch vollständige Vernichtung des Körpers und Hauptes die Fylgje vom

Körper freikommen könne, wurzelt auch die Verbrennung der Leichen, die vielfach bis in die Wikingerzeit neben der Beerdigung einherging. Sie setzt die Existenz eines besonderen Totenreiches voraus, in das der Mensch sofort nach Vernichtung des Körpers gelangte. Ein Nachspiel zeigt dieser Glaube in der mittelalterlichen Verbrennung der Hexen, denen man von vornherein die Gelegenheit des bösen Spukes nehmen musste. – Der Kopf des Toten als Sitz der Fylgje zeigt sich auch in der prophetischen Kraft, die man diesem zuschrieb. Tote pflegten ja überhaupt die Zukunft zu künden. Daher setzen sich Weissager mit ihnen in Verbindung, rufen sie aus dem Grabe oder verkehren mit ihnen, wenn sie ihre Schwärmzeit haben. Einzelgräber und Friedhöfe sind Orte der Totenprophetie. Nordische Quellen berichten auch mehrere Fälle, wo Leute ein Menschenhaupt aufbewahrt haben, das ihnen künftige Ereignisse prophezeite. Und an diesen Volksglauben hat sich auch der Mythos geknüpft. Als die Vanen Mimir erschlagen und sein Haupt den Asen zugeschickt hatten, da balsamierte Óðin dieses ein, sprach den Zauber darüber, dass es nicht verwese, und wandte sich an dasselbe, wenn er geheime Dinge erfahren wollte.

Die Zeit, da die Toten ihr Wesen treiben, ist die Nacht. Ganz besonders in der großen Winternacht, wenn die Nächte am längsten sind und die ganze Natur abgestorben ist. Das ist die Zeit, in der während des Heidentums auch die meisten Spukgestalten erscheinen. So wird von dem spukenden Glámr erzählt, dass er zur Winternacht regelmäßig die ganze Gegend unsicher gemacht, um Häuser geritten, Menschen und Vieh getötet habe, während des Aufstieges und des Hochstandes der Sonne aber stets ruhig gewesen sei. Und wie in dieser Erzählung spielen die meisten Spukgeschichten des Heidentums in der Julzeit. Deshalb ist in diesen Tagen auch die Zeit der Völven, die von Gehöft zu Gehöft ziehen und nach ihrem Verkehr mit den Toten den Menschen die Zukunft künden. Noch heute ist die Weihnachtszeit im Volksglauben die Schwärmzeit der Toten. Dann jagt das Wütende Heer oder der Wilde Jäger durch die Lüfte, die Schar der Holden und Perchten, denen der Volksglaube die Frau Holde oder Hole und Perchta zu Führerinnen gemacht hat, und bringt den Menschen Glück oder Unglück, den Saaten Fruchtbarkeit. Auf diese Tage fällt auch die Festzeit der Toten. Das große Mittwinterfest menschlicher Einrichtung ist auf sie übertragen worden. Sie nehmen an diesem teil, und Opfer werden ihnen bereitet. Ist jemand in der Familie während des Jahres gestorben, besonders wenn es der Hausherr ist, so wird ihm ein Platz eingeräumt, und Speise und Trank wird vor den leeren Sessel gestellt. Im Tag aller Seelen lebt die Erinnerung an diesen altheidnischen Totenkult in christlicher Form fort. Über das ganze germanische Gebiet sind auch die Sagen von der Totenmesse in der Christnacht verbreitet. In ihr kann man zu mitternächtiger Stunde die Abgeschiedenen in der Kirche versammelt sehen ganz wie die Lebenden. So lebt in dem Volksglauben unserer Weihnachtszeit, der nordischen Julzeit, in der in gleicher Weise das Huldrenvolk

(d. h. die Unterirdischen) seine Festzeit hat, noch manches Stück altes Heidentum.

Der Glaube an das persönliche Fortleben der Fylgje oder der lebenden Leiche hatte die Furcht vor den Toten erzeugt. In dieser wurzeln dann die Pflichten, die die Lebenden gegenüber den Toten zu haben glaubten, und die Auffassung von den Rechten, die man den Abgeschiedenen zuschrieb. Auch dieser Totenkult hat den Untergang des Heidentums überlebt und spricht noch bis zur Gegenwart aus verschiedenen Sitten und Bräuchen.

Zunächst ist es Pflicht, den Toten in einer seiner Würde entsprechenden Weise zu bestatten. Soweit sich der Bau der Gräber zurückverfolgen lässt, ist auf diesen die größte Sorgfalt verwendet worden. Was dem Menschen im Leben lieb und wert gewesen war, wurde ihm mit ins Grab gegeben, Waffen und Trinkgefäße dem Mann, Wirtel der Frau, Spielzeug dem Kind. Hierdurch werden die heidnischen Grabstätten die wichtigsten Quellen vorgeschichtlicher Kultur und Religion. Ganz besonders reich ausgestattet waren die Gräber der Fürsten, wie das des Westgotenkönigs Alarich, oder die Schiffsgräber der nordischen Wikingerkönige. Bei einigen germanischen Stämmen, wie bei den Herulern, musste die Witwe dem Mann im Tod folgen, bei anderen Sklaven und Mädchen. Vielfach wurde dem Toten auch sein Streitross mitgegeben. Außerdem bergen die Gräber Überreste allerlei anderer Tiere, namentlich von Hunden und Geflügel. Selbstverständlich durfte auch Speise und Trank nicht fehlen, die in besonderen Gefäßen dem Toten beigestellt wurden. Mit all diesen Dingen und dazu mit dem, was er selbst in die Erde vergraben hatte, sollte der Tote in eine neue Welt einziehen.

Zu den Totenpflichten gehört ferner das Totenmahl, der Leichenschmaus, das nordische Erbbier, das zu Ehren des Toten gehalten wurde. Meist erfolgte es am dreißigsten Tag nach dem Tod. Bis dahin durfte niemand von der Hinterlassenschaft Besitz ergreifen, der Hochsitz des Hausherrn blieb leer. Erst nach dieser Feierlichkeit trat der Erbe seinen Anteil an. Bei diesem Leichenschmaus wähnte man den Toten zugegen, weshalb ihm ein besonderer Sitz bestimmt und vor diesem Speisen aufgestellt waren. Je prunkvoller diese Leichenfeier, umso größer war die Ehre für den Toten. Zu ihr erklang bei verschiedenen Stämmen auch das Lied zu seinem Lob und Preis, das zumal bei Fürsten nicht fehlen durfte. Auch auf dem Grab wurden dem Toten Opfer gebracht, die sich dann an den allgemeinen Totenfesten wiederholten.

Zu den Pflichten gegen die Toten gehörte es auch, ihnen Steine in oder auf dem Grab zu errichten, die Bautasteine im Norden, an deren Stelle später Runensteine traten. Unter christlichem Einfluss mögen anstelle solcher Steine die Steinkreuze getreten sein, die man im Mittelalter Erschlagenen setzte oder denen, die eines unnatürlichen Todes gestorben waren. Vor allem aber war es unbedingt nötig, die Blutrache zu vollziehen, wenn der Tote durch Mörderhand gefallen war. Diese Pflicht kam in erster Linie dem Sohn, dann aber auch der ganzen

Sippschaft zu. Und hatte der Ermordete mit einem Freund den Blutsbund geschlossen, so übernahm dieser als Blutsbruder die Rache an dem Mörder. Diese verlangt der Tote unbedingt. Ist der Mörder nicht bekannt, so führt der Tote die Pflichtigen wohl selbst zu ihm und rächt sich an ihnen, wenn sie seinem Verlangen nach Rache nicht nachkommen. So tat ein gewisser Klaufi, der seine Verwandten zur Behausung seiner Mörder führte und sich später an diesen rächte, als die Mörder wieder den heimatlichen Boden betreten hatten und nicht zu Falle gebracht worden waren.

Alle diese Pflichten, zu denen sich auch die vielfach noch fortlebende Totenwache an der Leiche und die Totenminne an den großen Opferfesten gesellten, sind allen germanischen Stämmen heilig und zeugen für den Glauben an das persönliche Fortleben des Menschen nach dem Tod.

Aufenthaltsorte der Toten

War das Folgewesen der Menschen, das nach dem Tod fortlebte, an den Körper gebunden, so verweilte es natürlich auch dort, wo der Leib begraben lag. Die Einzelgräber in denen man in frühester Zeit die Toten beizusetzen pflegte, sind daher auch ursprünglich Aufenthaltsorte der fortlebenden Toten. Und soweit man in der Geschichte das Einzelgrab verfolgen kann, hat dieser Glaube bestanden, was namentlich die überall verbreiteten Spuksagen bezeugen. Der Mensch setzte sein Erdenleben fort. Daraus erklärt sich die Einrichtung der ältesten Gräber ganz nach Art menschlicher Wohnungen, die Mitgabe aller Gegenstände, die man im Leben brauchte. Als dann aber die gemeinsamen Ruhestätten, die Grabfelder aufkamen stellte sich der Glaube an ein gemeinsames Totenreich ein, was eine Beschränkung der Aussteuer zur Folge hatte. Dieses konnte ursprünglich nur dort sein, wo sich die Leichen befanden: unter der Erde. So entstand das allen germanischen Stämmen bekannte dunkle Reich der Hel, in dem die Toten gemeinsam ihr Leben fortsetzten, umströmt vom Flusse *Gjǫll*, der mit Schwertern angefüllt ist. Ihn müssen die Übeltäter nach nordischem Glauben durchwaten, während die anderen Menschen auf einer Brücke, der *Gjallarbrú*, darüber gelangen.

Hel (got. *halja*, ahd. *hella*, unser Hölle) hat zunächst rein lokale Bedeutung. Erst späte und nachweisbar nur nordische Dichtung sieht in Hel eine persönliche Gestalt, die über ein finsteres Reich (*Niflhel* oder *Niflheimr* „Nebelheim") herrscht. Sie macht diese Herrin zur Tochter Lokis und der Angrboða, lässt sie halb schwarz, halb menschenartig sein und versetzt ihre Wohnstätte nach Nástrǫnd, dem Leichenstrand, oder unter eine der drei Wurzeln des Weltbaumes Yggdrasil. Nach Snorris Edda ist diese Wohnung und was sich in ihr befindet schreckenerregend: Eljuðnir („Plagenbereiter") ist ihr Saal, Hunger ihre Schüssel, ihr Messer, Träggang ihr Gesinde, fallendes Unheil führt in ihr Gemach, Geduldermüder, Krankheit heißt ihr Lager, bleiches Unheil ihr Betttuch. Offenbar haben hier christliche Vorstellungen von der Hölle zur Verkörperung der menschlichen Leidenserscheinungen mitgewirkt.

Neben diesem unterirdischen Helreich kennt man dann noch andere Aufenthaltsorte der Toten. Die in den meerumflossenen Ländern wohnenden Nordgermanen kennen ein Totenreich im Meer, worüber die männerraubende Rán mit ihren neun Töchtern, den Personifikationen der Sturmwellen, herrscht und wohin alle kommen, die im Meer ertrinken. Auch hier die Angliederung an menschliche Verhältnisse: Fisch und Hummer sind die Nahrung der Toten. – Öfter liegt das Totenreich auf einer fernen Insel, wohin die Abgeschiedenen auf Schiffen befördert werden. So berichtet Prokopius im 6. Jahrhundert von diesem Glauben der Bewohner Nordgalliens, die das Reich der Toten jenseits des Kanals in Britannien wähnten, wohin sie ein Fährmann übersetzte. Auf denselben Glauben weisen die Begräbnisse in der Wikingerzeit auf Schiffen hin, die mit voller Ausrüstung ihrer Insassen dem Meer oder der Erde übergeben wurden. – Auch die Vorstellung von einem Totenreich in hohem Norden bestand, in dem dämonische Riesen hausten, wie der dunkle Drache *Níðhǫggr*, der Fenriswolf, der von den Leichen toter Männer lebt, einem Reich, das durch die eisigen *Élivágar* („Hagelfluten") vom Reich der Menschen getrennt ist. – Auch über Schlachtfeldern, wo die Leichen der Gefallenen beerdigt sind, setzen die Toten ihr Leben in ewigem Kampf fort, das die Menschen durch Waffenlärm in der Luft wahrnehmen.

Besonders zahlreich sind auch die Zeugnisse, nach denen Tote in Bergen hausen. Den Felsen, an dessen Fuße sich der Norweger Thórólfr auf Island ansiedelte, nannte er Helgafell („Heiliger Berg") und glaubte, nach seinem Tod in ihm zu wohnen. Und als sein Sohn Thorsteinn später ertrunken war, sah man, wie sich der Berg öffnete und seine Insassen am Feuer und unter fröhlichem Lärm den Ertrunkenen empfingen. Aus diesem Glauben erklären sich die über das ganze germanische Gebiet verbreiteten Sagen von Helden und Königen, die in Bergen fortleben sollen. Bald ist es Karl der Große, bald Friedrich Barbarossa oder Siegfried, Andreas Hofer, der dänische Nationalheld Holger u. a., die sich in die Berge zurückgezogen haben und einst wiederkommen werden. Am bekanntesten ist ja die Sage von Friedrich II., an dessen Stelle später Friedrich Barbarossa getreten ist, der im Kyffhäuser fortlebt, da man nicht an seinen Tod glauben wollte. Hieraus erklären sich die Verehrung und die Opfer, die die Berge vielfach genossen. Auch Valhall, das Totenreich, in dem Óðin mit seinen Einherjern haust (s. unter Wôdan-Óðin), hat sich aus dem Glauben an den Aufenthalt der Toten im Berg entwickelt. Noch heute führen mehrere Berge in Skandinavien den Namen Valhall, „Halle der im Kampf Gefallenen". Ein solcher Berg mag einst gefallene Krieger aufgenommen haben, die hier ihr Leben fortsetzten, wie die Toten im Helgafell. Als dann Óðin als Gott der Toten und Krieger ihr Herr geworden war, wurde der Bergtotenaufenthalt von seinem Ursprungsgebiet losgetrennt, und Phantasie und Dichtung malten ein Reich mit einem Herrschersitz aus, wie ihn die irdischen Könige hatten, die in prunkvoller Halle an reich besetzten Tafeln mit ihrem Gefolge schmausten und zechten und außerhalb derselben Freude am Kampf fanden. Diese letzte Entwicklung gehört nur dem Norden und der Wikingerzeit an. So haben sich auch die Vorstellungen vom Leben nach dem Tod zeitlich und örtlich immer geändert. Wie allen Kult und Glauben hat auch sie das reale Leben beeinflusst.

Die altgermanischen Götter, besonders in der nordischen mythologischen Dichtung

In den frühesten Quellen des germanischen Altertums begegnen mehrere persönlich gedachte Gottheiten, die in kleineren oder größeren Verbänden im Mittelpunkt des Kultes stehen. Die gemeinsame Bezeichnung dafür ist das etymologisch dunkle *„Gott"* (got. *guþ*, ahd. *got*, an. *goð*), das in den nordischen Quellen noch als Neutrum erscheint, was es seiner sprachlichen Form nach von Haus aus nur sein kann. Ursprünglich, als man machterfüllte Gegenstände verehrte, mag dieses Wort dem schützenden Amulett, dann dem Götterbild gegolten haben, von dem es auf das in diesem lebende Wesen übertragen wurde. Für dieses gebrauchen es noch die nordischen Quellen. Andere Bezeichnungen für die Götter schöpfen wir nur aus nordischen Quellen. Die gebräuchlichste ist *æsir* „Asen". Das Wort scheint von Haus aus eine Bezeichnung für die durch Opfer verehrten Toten gewesen und später im Norden auf die Götter übertragen worden zu sein. Der früheste Zeuge für das Wort, Jordanes, versteht darunter die nach ihrem Tod göttlich verehrten Könige. Im Gegensatz zu diesen Asen setzt die nordische Dichtung zuweilen die Vanen *(vanir)*, die hauptsächlich die agrarischen Gottheiten vertreten. Daneben begegnet noch *tívar* „die Götter", *regin* „die Beratenden", *bǫnd, hǫpt* „Fesseln".

Hervor tritt bei den Germanen das Dreigöttersystem. Nach Tacitus und den römisch-germanischen Votivtafeln waren diese drei Götter bei den Südgermanen Mercurius (Wôdan), Mars (Zîu) und Hercules oder Juppiter (Donar), bei den Nordgermanen Thórr, Óðin und Freyr. Daneben kennen noch alle germanischen Stämme die Göttin Frîja (an. *Frigg*). Außerdem trifft man in einzelnen Verbänden besondere Gottheiten, wie die Nerthus, ferner Augenblicks- und Lokalgötter, wohl auch Stammesgottheiten, wie Saxnot bei den Sachsen. Von einem Zwölfgöttersystem wissen nur spätisländische Quellen. Sie sind Zeugnis gelehrter Reflexion.

Alle Götter erscheinen nur als gesteigerte Menschen. Sie sind weder unsterblich noch allmächtig. Ihre Macht kann menschliche Zutat unterstützen, erneuern. Sie essen und trinken, haben Leidenschaften wie der Mensch, können zürnen und freundlich sein und infolgedessen auch durch Gaben den Menschen gewogen gemacht werden. Auch ihre äußere Gestalt ist der menschlichen gleich, nur pflegt man gewisse Eigenschaften ihres Wesens in dieser zum Ausdruck zu bringen. Wie die Menschen sieht man sie bald gehen, bald fahren, bald reiten. Im Allgemeinen sind sie den Menschen gewogen, ja unterstützen sie nicht selten mit Rat und Tat. Das Gebiet ihrer Tätigkeit bleibt sich nicht gleich. Öfters erweitert sich dieses, und dadurch nehmen einzelne Götter andere in sich auf, die dann oft noch als Beinamen jener zu erkennen sind. Das ist besonders beim nordischen Óðin der Fall. Zuweilen zweigen sich aber auch neue Gottheiten von

alten ab, wie z. B. die Kinder Thórs, der ursprünglich nur Eigenschaften dieses Gottes sind.
Wie um einzelne Menschen rankte sich auch um die Götter die Dichtung, und wie an dämonische und elfische Gestalten sind auch an sie vielfach Märchenmotive geknüpft. So entstand die Göttersage. Man mag auch auf deutschem Boden von ihnen mancherlei gesagt und gesungen haben, allein von dieser mythologischen Dichtung ist nichts erhalten. Nur die isländisch-norwegische Dichtung aus der letzten heidnischen Zeit ist reich an solchen Göttersagen, die bald der Phantasie des Volkes, bald der einzelnen Dichter entsprungen sind.

Wôdan-Óðin

Nach der Germania des Tacitus verehrten die Germanen am meisten den Merkurius, der auch nach den Zeugnissen der Angelsachsen bei diesen im Mittelpunkt ihres Kultes stand, der auch der Hauptgott der Langobarden war. Hinter dieser lateinischen Übersetzung steckt der germanische Wôdan (ags. *Vôden*, an. *Óðin*). Den römischen *dies Mercurii* übersetzte man mit *Wôdanestac* (an. *Óðinsdagr*, engl. *Wednesday*), die Schriftsteller des Mittelalters glossieren den volkstümlichen Wôdan immer mit Merkurius. Denn wie dieser war auch Wôdan in erster Linie Führer der Totenschar und dadurch zugleich Windgott. Auch die Ableitung seines Namens lässt ihn als solchen erkennen, denn Wôdan heißt Führer des *Wuotes*, des wütenden Heeres, das wie heute noch im Volksglauben schon zur Zeit des Tacitus als *exercitus feralis* „Totenheer" begegnet. Wie aber der Totenführer Osiris bei den Ägyptern oder der Windgeist bei den Armeniern, bei den Thrakern, Kelten und anderen Völkern sein Machtgebiet im Volksglauben allmählich erweitert hat, so war es auch bei Wôdan der Fall, der schließlich bei einigen germanischen Stämmen zum höchsten Gott geworden ist.
In Deutschland hat sich zuerst seine Machtfülle ausgedehnt, von hier aus haben ihn die Angeln und Sachsen mit nach Britannien genommen, von hier aus ist sein Kult nach Skandinavien gewandert, wo er in Norwegen den älteren Thórkult verdrängt, in Schweden sich mit dem Freykult vermischt und wo sich der eingewanderte Gott als Kriegs- und Siegesgott namentlich an den Königshöfen zum Götterkönig emporgeschwungen hat. Aber auch auf dieser Höhe erkennt man klar die Unterschicht des Wôdanglaubens: überall blickt noch die chthonische Natur des Gottes durch. Was man im germanischen Totenkult beobachten kann, findet man bei Wôdan-Óðin wieder. Wie die Toten hat er die Gabe, alle möglichen Gestalten, besonders Tiergestalten, annehmen zu können. Während ein Leib ruhte, sagt Snorri, war er bald Vogel oder Tier, bald Fisch oder Schlange. In Schlangengestalt schlüpfte er z. B. in den Berg, wo sich der Dichtermet befand. Auch die Tiere, die den Gott begleiten, sein Ross *Sleipnir*, seine Raben, die die skaldische Fantasie *Hugin* und *Munin* (Gedanke und Gedächtnis) genannt hat, seine Wölfe *Geri* und *Freki* (der Gierige und der Gefräßi-

ge) sind nichts anderes als Inkarnationen von Fylgjen, die sich dem Gott angegliedert haben. In den verschiedensten Gestalten erscheint er den Menschen. Als Ferge trifft er nach den Hárbarðsljóð und Thór zusammen oder nimmt die Leiche des Sigfjǫtli von dessen Vater in Empfang. Der Rinda, um deren Liebe er buhlt, begegnet er als Heerführer, als Goldschmied, als Reiter. Auch Beinamen wie *Fjǫlnir* (der Vielgestaltige) oder *Svipall* (der Gestaltentauscher) sprechen für seine Proteusnatur. Wie die Abgeschiedenen besitzt er prophetische Gabe und kann die Menschen Vorzeichen und Zukunft lehren. Er fährt in Augenblicken in die fernsten Länder und weiß, was hier geschieht. „Du kennst alle Vorzeichen für Asen und Menschen", sagt Sigurd zu ihm. Wie Spukgestalten nach allgemeinem Volksglauben vielfach Schatzhüter sind und nicht selten die Menschen zu den verborgenen Schätzen hinführen, so weiß auch Óðin, wo Metall in der Erde verborgen liegt, und vermag wie jene Geisterwesen den Berg ganz nach Belieben zu öffnen und zu schließen. Wie der menschliche Zauberer noch nach dem Tod fortwirkt und den Überlebenden seine außergewöhnliche Macht zeigen kann, so hat Óðin Gewalt über die Elemente und Naturerscheinungen: er kann Feuer löschen, die See beruhigen, Winde wenden, wohin er will, über die Menschen Glück und Unheil bringen, die Waffen stumpf machen und dgl. Daher heißt er auch *Gǫndlir* („Zauberer") oder Vater des Zaubers und lehrt die Menschen die Zauberkunst. So ist er zum Gott des Zaubers geworden. Auch von dieser Seite kennen ihn verschiedene germanische Stämme: im Merseburger Spruch heilt er das lahme Pferd, bei den Sueben in Spanien begegnet er als Magus, in ags. Zaubersprüchen vertreibt er schädigende Wesen. In Bußpredigten heißt er Gott der List, Diebereien und Betrügereien. Als Gott des Zaubers versteht er auch die Zauberlieder und Zauberhandlungen, wie sie der irdische Zauberer zu seinem Handwerk nötig hat. Und als dann nach den germanischen Ländern die Schriftzeichen kamen, die man hier Runen nannte und zum Zauber verwandte, da wurde Wôdan auch der Erfinder dieser Zeichen, wie es in dem altenglischen Gespräch von Salomon und Saturn heißt und wie in der eddischen Dichtung wiederholt Óðin als Runenmeister begegnet. Gemeinsam mit ihnen scheint die Verehrung dieses Kultgottes nach dem Norden gekommen zu sein. Mit seiner Zauberkraft und Runenkunde hängt der Mythos von Óðins Wiedergeburt zusammen. Auch die Götter bedürfen nach allgemein verbreitetem Glauben der Verjüngung. Um diese zu erlangen, hatte Óðin sich selbst mit dem Speer verwundet und hing neun Tage im Weltenbaum. Hier erfolgte seine Wiedergeburt. Aber niemand gab ihm Speise oder Trank, wodurch er allein nach dem Volksrecht lebensberechtigt wurde. Da spähte er nieder und hob mit Mühe die Runen auf, und mit ihrer Hilfe fällt er vom Baum und erhält von der Erde und vom Oheim mütterlicherseits neue Lebenskraft durch den Trank Óðrœrir und Unterweisung: da wuchs seine Kraft in Worten und Werken.
Dieser mütterliche Oheim war Mimir, mit dem auch nach anderen Mythen Óðin in enger Beziehung stand. Er war der Wächter des Weltenbaumes am

Mimirsbrunnen, aus dem er jeden Morgen Met trank, zu dem Óðin reitet, wenn er guten Rates bedarf. Nach einem zweiten Parallelmythos ist es Mimirs Haupt, bei dem sich Óðin öfter Rat holt. Spätere Dichtung berichtet, wie Mimir ums Leben gekommen ist. Nach dem Vanenkrieg war er mit dem vergeiselten Hoenir zu den Vanen gekommen und stand diesem als Ratgeber zur Seite. Als die Vanen das merkten, töteten sie Mimir und sandten sein Haupt den Asen. Óðin balsamierte dies ein, sprach seine Zaubersprüche darüber, und nun kündete ihm dies, was er zu wissen verlangte (s. S. 39).

In nordischer Weiterbildung ist Óðin nicht nur der Gott alles übernatürlichen Wissens, sondern auch aller höheren Weisheit. So übertrifft er den Riesen Vafþrúðnir in der Kenntnis mythologischer Dinge, so lehrt er als Grimnir den jungen Königssohn Agnar alle Dinge, die mit Valholl und dem Götterleben in Verbindung stehen, so misst er sich mit König Heiðrek im Rätselstreit oder erzählt als Nornagestr dem König Óláf Tryggvason die Großtaten alter Helden.

Im Kreis nordischer Skalden ist Óðin auch Gott der Dichtkunst geworden. War er von Haus aus Herr des Zauberspruches, des *ljóð* (Lied), so lag die Weiterbildung zum Gott der Dichtung nur zu nahe, wie ja auch *ljóð* allmählich die Bedeutung „Gedicht" im Allgemeinen angenommen hat. Alles, was er gesprochen, heißt es in der Ynglingasaga, habe in Reimen gesprochen, und von ihm gehe die Poesie im Norden aus. Daher heißt die Poesie die Gabe, der Trank Óðins und der Dichter der Metträger Óðins. Denn ein Trunk von dem Dichtermet machte einen gewöhnlichen Sterblichen zum Dichter, und dieser Dichtermet befand sich in Óðins Verwahrung. Diese Auffassung vom Dichtermet ist relativ jung: der Lebensmet *Óðrœrir*, durch den Óðin seinem Günstling Hadingus nach *Saxo gramm.* neue Lebenskraft zuführt, der ihm selbst neue Macht brachte ist zum Dichtermet geworden. Snorri, dem wir allein die Geschichte vom Ursprung dieses Mets verdanken, hat ganz verschiedene Erzählungen mit verschiedenem mythischem Gehalt zusammen geflochten. Ursprünglich befand sich der Dichtermet im Besitz des Riesen Suttung und wurde von dessen Tochter Gunnlǫð in einem Berg gehütet. Zu dieser kam einst Óðin, gewann ihre Liebe und schlürfte den Met, den er dann zu den Göttern brachte. Diese romanhaft ausgeschmückte Óðinssage ist mit der Kultmythe vom Vanenkrieg in Verbindung gebracht worden. Asen und Vanen hatten sich gegenseitig bekriegt. Als sie Frieden miteinander schlossen, spuckten sie gemeinsam in ein Gefäß und bereiteten aus dem Speichel den Friedenstrank Kvasir, nach dessen Genuss sie sich vereinten und nun miteinander verschmolzen. Wie noch heute Naturvölker sich vielfach des Speichels bedienen, um durch ihn Pflanzenstoffe zur Gärung zu bringen und sich so alkoholische Getränke zu bereiten, so auch die Nordgermanen. Als einst König Alrekr von seinen beiden Frauen derjenigen seine Huld zugesagt hatte die ihm das beste Bier bereite, wandte sich die eine an Óðin, und dieser gibt ihr einen Speichel als Gärungssaft, wodurch sie das beste Bier bereitete. So ist Kvasir ursprünglich der ausgepresste Saft (schwed. *kvasa*, auspressen). Aber später, als man die alte Zubereitung des Mets nicht mehr verstand, ist daraus eine Person gemacht, die alle Wesen an Weisheit übertrifft.

Als dieser Kvasir einst zu den Zwergen kam, töteten ihn die Zwerge Fjalarr und Galarr, mischten sein Blut mit Honig und bewahrten es in dem Kessel Óðrœrir und den Krügen Són und Boðn auf. So entstand der Dichtermet. Einst töteten diese Zwerge auch den Riesen Gilling, und als dessen Sohn Suttungr die Vaterrache übernahm, mussten sie diesem den Met ausliefern. – Ein weiterer Mythos erzählt, wie Óðin in den Berg kam und den Met gewann. Danach hat er als Bǫlverkr (Übeltäter) unter den Knechten des Riesen Baugi Unfrieden gestiftet, so dass sich diese gegenseitig erschlugen, verrichtete dann in Baugis Dienst die Arbeit von neun Männern und verlangte als Lohn einen Trunk vom Suttungsmet. Da aber Baugi über das Eigentum seines Bruders nicht verfügen kann, bohrt er ihm ein Loch in den Berg, durch das Óðin als Schlange schlüpft, und verhilft ihm so zur Gunnlǫð.

Wôdans chthonische Herkunft verrät ferner ein Erscheinen im Wind, seine Führerschaft des Totenheeres. Auch diese Vorstellung ist allgemein germanisch. Wie die Toten nach dem Glauben fast aller Völker im Sturm daherfahren, war schon hervorgehoben. Ihr Führer ist Wôdan. Daher erscheint er auf Votivsteinen germanischer Söldner als *Mercurius rex*. Im Wutes- oder Wodesheer, in der skandinavischen Odensjagt, aber auch in Bezeichnungen wie Schimmelreiter, Breithut, Hackelberend (Mantelträger), Helljäger u. a. lebt seine Schar und sein Urtypus, vielleicht er auch selbst im Volksglauben bis zur Gegenwart fort. In seiner Erscheinung als Totenführer steckt etwas Dämonisches im Wesen des Gottes. Um seine Schar zu vermehren, ist er Menschenräuber. Auf weißem oder schwarzem Rosse, in dunklen Mantel gehüllt, mit breitkrempigem Hut fährt er durch die Lüfte. Er nimmt bald seinen Schützling unter den weiten Mantel und entführt ihn über Land und Meere, bald lässt er sich sein Ross beschlagen und verschwindet auf demselben wieder in den Lüften. Daher heißt er auf alten Votivsteinen *Mercurius viator* oder in nordischen Quellen *viator indefessus* (unermüdlicher Wanderer), Gangleri (Wanderer), Vegtamr (Weggewohnt). Sein Ross ist in der eddischen Dichtung der achtbeinige Sleipnir, den nach einem jungen Märchen Svaðilfari, der Hengst des Baumeisters von Ásgarð, mit Loki in Stutengestalt erzeugt hat. – Wie die Toten genießen auch Wôdan und seine Getiere um die Zeit der winterlichen Sonnenwende in allen Gegenden germanischen Gebietes Opfer und Spenden. Auch sein Aufenthaltsort ist wie der der Toten der Berg. Wôdansberge sind in Deutschland und England ebenso verbreitet wie in Skandinavien Odensberge. Daher heißt er der Alte vom Berg oder *fjallgautr* (Felsengott). Als König Svegðir nach dem Ynglingatal Óðin besuchen wollte, musste er in ein Gestein gehen, aus dem er nicht wieder herausgekommen ist.

Als Wôdan Führer der Totenschar geworden war, war es nur ein Schritt, ihn zum Herrn eines besonderen Totenreiches zu machen. Gleichwohl können wir diese Entwicklung nur in der nordischen Dichtung nachweisen. Hier entstand in der Wikingerzeit das Kriegerparadies Valhǫll, die Halle der Gefallenen, in die nur die kamen, die den Schlachtentod starben. Der Herrschersitz der nordischen Könige war das Vorbild. Wie diese auf ihrem Hochsitz thronen, umgeben von zahlreichem Gefolge, mit dem sie die Freuden des Mahles und der Unterhaltung teilen, so waltet Óðin in Valhǫll, der Pflichten des Herrn in Gegenwart der anderen Asen und umgeben von den Kriegern, die im Kampf gefallen sind und die er für sein Gefolge bestimmt hat. Der Palast des Totenfürsten liegt in Glaðheim, der Welt der Freude. Kriegerisch ist die Halle ausgerüstet. Ihr Dach decken Schilde, Speere bilden das Sparrengerüst, auf den Bänken liegen die Brünnen. Fünfhundert Türen führen in das Innere der zahlreichen Gemächer. Das Tor Valgrind („Pforte der Gefallenen") schließt den ganzen Wohnungskomplex nach außen ab, ein tiefer Strom, der þundr („der Angeschwollene"), umgibt ihn. Durch die Halle geht der Baum Læráðr, in dessen Gezweig die Ziege Heiðrun weidet, die mit ihrer Milch den Bewohnern von Valhǫll Nahrung gibt. Daneben sorgt der Koch Andhrimnir für Speise. Im Kessel Eldhimnir bereitet er jeden Abend das Fleisch des sich stets erneuernden Ebers Sæhrimnir. Óðin aber, der Herr der Halle, lebt vom Wein. Zu den Füßen seines Hochsitzes lagern die beiden Wölfe Geri und Freki, auf seinen Schultern sitzen die Raben Huginn und Muninn, die ihm täglich Kunde bringen von dem, was sich auf der Welt zuträgt. Seine Untertanen sind die Einherjer, d. h. vortreffliche Kämpfer. Jeden Morgen ziehen sie aus, um sich auf weiter Ebene am Kampfspiel zu erfreuen. Aber am Abend ziehen sie wieder ein, um sich am fröhlichen Gelage zu ergötzen, zu dem die Walküren das Horn kredenzen. Auch dieser Zug ist nordischem Leben entlehnt. Diese Walküren sind es auch, die Óðin aussendet, wenn Schlachten toben, damit sie die Helden nach Valhǫll führen, die er sich zu Einherjern auserlesen hat. Feierlicher Empfang besonderer Lieblinge des Gottes findet dann in Valhǫll statt. Solche Walküren sind gemeingermanische Erscheinungen, aber bei den anderen germanischen Völkern haftet ihnen etwas Dämonenartiges an. Sie töten die Menschen wie die Mahren und stellen ihnen besonders in den Schlachten nach. In den Götterkreis und in Verbindung mit Óðin hat sie nur die skandinavische Dichtung gebracht. Sie sind ein fester Bestandteil der nordischen Walhalldichtung. Nur hier erscheinen sie als die Wunschmädchen Óðins, die seine Befehle ausrichten und den Gott bei besonders feierlichen Handlungen begleiten, wie z. B. bei Baldrs Leichenbrand.

Die Vorstellungen von Valhǫll und ihrem Herrscher sind poetische Weiterbildungen von einem Totenreich, ähnlich dem der Hel oder Rán, in das sich sein Herr die Opfer holt. Während aber dieses sich unter der Erde oder im Meer befand, war Óðins Totenreich im Berg. Dorthin holte der Herr des Berges seine Schar. Doch auch von dieser Auffassung ist das Totenreich allmählich los und zu einem dem menschlichen Herrschersitz ähnlichen Aufenthaltsort gemacht worden. Dem wilden Jäger oder Heljäger, der Odensjagt muss man aus dem Weg gehen, wenn man ihm nicht zum Opfer fallen will, was besonders an

Kreuzwegen geschieht. Óðin wirft seinen Speer, den die nordische Dichtung Gungnir nennt, über die, welche er haben will: er verlangt seine Opfer. Seine Verehrer weihen ihm die Gegner und bringen ihm Menschenopfer. So berührt er sich in der ältesten Vorstellung mit den Leichen fressenden Dämonen. Jetzt versteht man auch die Einäugigkeit Wôdans, die allgemein bekannt ist und die zu den untersten Schichten der Vorstellung von Wôdan gehört: wie die Menschen fressenden Dämonen, die Polypheme, fast bei allen Völkern einäugig erscheinen, so geht auch die Einäugigkeit Wôdans auf eine Zeit zurück, da die Menschen noch Angst vor seiner menschenraubenden Natur hatten.

Fuhr Wôdan als Totenführer im Wind durch die Lüfte, so lag es nahe, ihn als Herrn der Winde aufzufassen, denn in Sturm und Wind wähnte man diese Schar zu vernehmen. Daher werden ihm Opfer dargebracht, wenn man günstigen Fahrwind erhalten will. Als Sigurðr zur Vaterrache ausgezogen war, hinderte heftiger Sturm die Fahrt. Dieser legte sich, sobald er den Alten vom Berg, den verkappten Óðin, in sein Schiff aufgenommen hatte. Vom Wind hängt ferner nach altem Volksglauben die Fruchtbarkeit der Felder ab. Alte Bauernregeln lehren: „Ohne Wind verscheinet das Korn", oder „Viel Wind, viel Obst". Als Windgott fasste man daher Wôdan auch als Gott der Fruchtbarkeit auf. Bei Misswuchs pflegte man deshalb auch Óðin Opfer darzubringen, und Snorri berichtet, dass im Winter ihm geopfert worden sein, um ein fruchtbares Jahr zu erlangen. Wie ein Überrest solch alten Opfers sieht es aus, wenn in Norddeutschland und Skandinavien auf dem Feld eine Garbe zurückbleibt, die nach dem Volksglauben für Wôdes oder Odens Ross bestimmt ist. Was einst dem Vegetationsdämon galt, ist hier auf Wôdan übertragen.

Bei den zahlreichen Kämpfen, mit denen die Germanen ihr Leben ausfüllten, hält der Tod vor allem im Krieg seine Ernte. Daher ist der Totengott Wôdan zum Kriegsgott geworden, der Kriege erregt, der den Kampf leitet und den Sieg erteilt, wem er will. So heißt er Heervater und der Heerfrohe oder Siegesvater, Siegesgott. Unter dem Schlangenbanner – denn als chthonische Gottheit gehört die Schlange zu seinem Getier – zogen germanische Stämme in den Kampf, unter Merkurius' Führung gingen die Angelsachsen nach Britannien, in der Bravallaschlacht stellt sich Óðin selbst dem Dänenkönig Harald entgegen. Durch ihn ist auch nach der Vǫluspá der erste Kampf in die Welt gekommen: als die Riesen die Unheil stiftende Gullveig zu den Asen gesandt hatten, schleuderte Óðin den Speer, und damit begann der erste Krieg. Auf sein Treiben entstehen Kämpfe, auf seinen Befehl müssen sie unterlassen oder eingestellt werden. Um seinen Beistand und Sieg zu erlangen, opfern ihm Völker und Könige. Im Kampf der Wandalen mit den Winilern bitten die Führer jener, Wôdan um Sieg, diese seine Gattin Frea. Durch die List seiner Frau sah sich der Gott gezwungen, den Winilern den Sieg zu erteilen die seit jener Zeit Langobarden heißen. Denn auf Freas Rat hatten die Frauen der Winiler vor Tagesanbruch ihr Haar über das Gesicht fallen lassen und Wôdan hatte beim Morgengrauen gefragt, wer diese

Langbärte seien. Er hatte ihnen somit einen Namen gegeben und musste nun diesem auch als Geschenk den Sieg folgen lassen. Ganzen Geschlechtern steht Wôdan im Kampf bei, so u. a. dem ruhmreichen Geschlecht der Völsungen. König Harald Kampfzahn lehrt er das Heer in keilförmiger Schlachtordnung aufzustellen und verschafft ihm den Sieg über die Kleinfürsten in Dänemark. Starkað macht er durch seinen Beistand zum ersten Recken des Nordens und gibt ihm ein Leben von drei Menschenaltern. Auch andere Helden des Nordens, wie Haddingr, König Vikarr, Hrólfr kraki, erfreuen sich seines Schutzes, seiner Hilfe und erlangen durch ihn Sieg und Ruhm. Nur begegnet dabei immer, dass seine Schützlinge ihm gehören und dass er infolgedessen ihrem Leben meist selbst ein Ziel setzt, weshalb Fürsten, die Sieg begehren, sich zuweilen selbst dem Gott weihen, wie König Eiríkr, oder ihre Kinder opfern, um dadurch ihr Leben zu verlängern, wie König Aunn, der neun seiner Söhne nacheinander dem Gott gab, um durch jedes Opfer sein Leben zehn Jahre zu verlängern.

In den Kreisen, wo Wôdan-Óðin als Kriegsgott verehrt wurde, ist er auch der Ahnherr angesehener Geschlechter. Fürsten leiten von ihm ihre Herkunft ab. Die Stammtafeln der angelsächsischen Könige setzen mit Wôdan ein, und Edlinge rühmen sich, ihn zum Ahnherrn zu haben. So ist Wôdan im Laufe der Zeit der gewaltigste aller germanischen Götter geworden, hat die anderen aus ihrem Machtgebiet verdrängt oder in sich aufgenommen, so dass ihn die nordischen Skalden mit gutem Recht Allvater oder Vater der Menschen nennen konnten.

Kein Wunder, dass sich um eine solche Gestalt auch die Dichtung gewunden hat. Im Norden ist er der Liebling des Götterromans geworden. In verschiedenen germanischen Ländern trifft man als seine Gemahlin die Frîja an (langob. *Frea*, an. *Frigg*), d. h. die Geliebte. Daneben hat er aber in der nordischen Dichtung noch andere Geliebte, und manches Liebesabenteuer wissen die Skalden von ihm zu erzählen. Er ist in dieser Beziehung eine typische Gestalt, der verliebte Alte. In seiner Eigenschaft als Windgott mag diese Vorstellung wurzeln. Denn dem Wind als Buhler begegnet man bei vielen Völkern. Und nach germanischem Volksglauben der wiederholt in der mhd. Dichtung verwertet ist, verfolgt der Winddämon, der wilde Jäger, ein weibliches Wesen, das bald in elfischer, bald in dämonischer Gestalt erscheint und das seinem Verfolger meist zum Opfer fällt. Zu der nordischen Dichtung erreicht Óðin sein Ziel, die Gewinnung der Geliebten, durch List. Thór gegenüber rühmt er sich, sieben Schwestern und andere Mädchen verführt zu haben. Die Gunnlǫð hat er betört, um den Dichtermet zu erlangen. Billings Tochter sucht er zu betören, wird aber von ihr überlistet. Die Rinda gewinnt er schließlich mit List und Gewalt, nachdem er mehrmals von ihr zurückgewiesen worden ist. – Auch Sagen von Wanderungen hat die nordische Dichtung an Wôdan geknüpft, Wanderungen, die er mit Hoenir und Loki unternimmt. Wir wissen nicht, wer hinter diesem Hoenir steckt, der wiederholt als Freund und Gefährte Óðins begegnet. Nach dem Vanenkrieg kam er, eine schöne große Gestalt, zu den Vanen, zeichnete sich aber bei diesen

52

durch seine Blödheit aus. In der verjüngten Welt soll er neben anderen fortle-benden Göttern den Loszweig hüten. Skalden nennen ihn den schnellen Asen, den Langfuß. Jene drei Asen fanden einst am Meeresstrand auf freiem Feld zwei Bäume, Ask und Embla.[4] Ihnen gab Óðin physisches, Hoenir seelisches Leben, Lóðurr (d. i. Loki) Blut und lichte Farbe. So wurden sie die Schöpfer der ersten Menschen. – Dieselben drei Asen kehren einst auf ihren Wanderungen beim Riesen Hreiðmar ein, dessen Sohn Otr sie erschlagen hatten, als er in Ottergestalt im Wasser sich aufhielt. Als Hreiðmar und seine Söhne Fáfnir und Reginn aus dem Otterfell sehen, dass die Gäste ihren Sohn und Bruder getötet haben, wurden diese gefesselt und erst als Loki genügend Lösegeld verschafft hat, wird er und mit ihm Óðin und Hoenir freigelassen. – Ein andermal fangen diese Asen auf ihren Wanderungen einen Ochsen ein und wollen ihn braten. Allein das Fleisch will nicht gar werden. Da verspricht ihnen ein Riese in Adler-gestalt seinen Beistand, wenn er die besten Stücke des Tieres erhalte. Die Götter willigten ein. Nun lässt sich der Adler – es ist der Riese Thiazi – vom Baum herab und nimmt die besten Stücke hinweg. Erzürnt stößt Loki mit der Stange nach dem Tier und durchbohrt es. Aber der Adler schwingt sich in die Lüfte und lässt Loki nur unter der Bedingung frei, dass er ihm die Iðun mit ihren goldenen Äpfeln verschaffe. In all diesen Erzählungen spielt Loki die Hauptrolle, obgleich Óðin die führende Person ist. Beide Götter sind durch die Blutsbrüderschaft miteinander verbunden, die sie nach Lokis eigener Aussage im Anfang der Zei-ten geschlossen haben. Daher mag das, was die nordischen Quellen über ihn berichten, gleich hier folgen.

Loki

Loki ist eines der schwierigsten Wesen der nordischen Dichtung. Bald begegnet er als Alf, bald ist er vereint mit den Asen, bald trifft man ihn unter der Schar der götterfeindlichen Dämonen. Er ist auf jeden Fall keine Kultgottheit, sondern nur ein Wesen der mythischen Dichtung. Im Kreis der Götter bringt er diese oft in eine gefahrvolle Lage, weiß aber durch seine Verschlagenheit sie wieder aus dieser zu befreien. So ist er in der isländischen Dichtung die Hauptgestalt des Götterschwankes geworden, und Motive der mittelalterlichen Teufelssagen sind auf ihn übertragen.

Von Haus aus ist Loki aller Wahrscheinlichkeit nach ein Feueralf, der im skan-dinavischen Volksglauben bis in die Gegenwart fortlebt. Sein Name gehört sprachlich zu an. *logi* „Lohe". Die in alter Zeit übliche Erzeugung des Feuers

---

[4]   *Ask und Embla (anord. Askr und Embla) sind in der nordischen Mythologie die Stamm-eltern des Menschengeschlechtes von Midgard. Quelle: Seite „Ask und Embla". In: Wikipedia, Die freie Enzyklopädie. Bearbeitungsstand: 11. November 2008, 00:09 UTC. Quelle: http://de.wikipedia.org/w/index.php?title=Ask_und_Embla&oldid=52859180 [Abgerufen: 17. Juni 2009, 6:27 UTC] (aw)*

durch Stoßen und Drehen eines harten Holzes in ein weiches hat ihn in der Phantasie der Nordgermanen, denen er allein bekannt ist, geboren. Daher ist sein Vater Fárbauti „der durch Stoßen das Feuer erzeugt", seine Mutter Laufey, das Laubholz, aus dem das Feuer hervorgeht. Wenn in Norwegen das Herdfeuer knistert, dann schlägt Lokje seine Kinder. Und in Schweden wirft man ausgefallene Zähne kleiner Kinder ins Feuer und weiht sie dem Lokke. In Dänemark aber sagt man, wenn an heißen Tagen die Luft flimmert: Loke treibt seine Ziegen oder Schafe aus oder sät seinen Hafer. So lebt er in Sæterdal in Norwegen als *aarevetti* „Herdwicht" fort.

In der eddischen und skaldischen Dichtung ist er in den Kreis der Asen gekommen. Wie hier Asen und Alfen immer vereint sind, so tritt er in engeren Bund mit Óðin, dem Hauptvertreter der Asen, mit dem er im Anfang der Zeiten den Blutsbund geschlossen hat. In ihrem Kreis ist er der Intrigant, der Verführer der Asinnen, denn er ist schön und anmutig von Aussehen. Als Feueralf tritt er in nähere Verbindung mit Thór, den er wiederholt auf seinen Fahrten begleitet. So nennen ihn die Dichter Loptr „Blitz" und geben ihm einen Bruder Býleiptr „Donnerblitz" und eine Gemahlin Sigyn, die man als Regenwolke aufzufassen pflegt.

Wie anderen alfischen Wesen ist ihm die Proteusnatur eigen. Wiederholt begegnet er als Weib. In der Lokasenna wirft ihm Óðin vor, dass er als Magd acht Winter unter der Erde Kühe gemolken und Kinder geboren habe. Als Magd begleitet er Thór auf dessen Fahrt zum Riesen Thrym. Als Riesenweib Thǫkk sitzt er in der Berghöhle und will allein von allen Geschöpfen den Tod Baldrs nicht beweinen. Oft nimmt er Tiergestalt an. Als Stute lockt er den Hengst des Baumeisters von Ásgarð und wird durch ihn die Mutter des Rosses Sleipnir. In Seehundsgestalt ringt er mit Heimdall um das Brisingamen.[5] In Lachsgestalt birgt er sich nach Baldrs Tod im Wasserfall. Als Fliege hindert er die Zwerge Brokk und Sindri an ihrer Arbeit. Als Floh sticht er die Freyja, um ihr den Brustschmuck entwenden zu können. Im Falkengewand fliegt er zu dem Riesen Thrym. Dazu werden ihm Schuhe zugeschrieben, die ihn durch Luft und Meer tragen.

---

[5] *Das Brisingamen [Edda: Brîsînga men = „Brisingorum monile", lt. Grimm von der Wurzel mhd. brîsen = durchstechen abzuleiten] ist der Halsschmuck der germanischen Göttin Freya. Er soll aus durchbohrten Gelenken geschlungen gewesen sein. Freya bekam ihn von vier Zwergen. Loki raubte den Schmuck, dieser wurde ihm aber von Heimdall wieder abgenommen. Über das Brisingamen ist wenig bekannt, Freya zeigte es nie dem Menschengeschlecht, allerdings gibt es zahlreiche Nachbildungen, die von Archäologen gefunden wurden. Das Brisingamen verstärkte Freyjas Zauberkräfte und war ein wichtiger Gegenstand in ihrer Magie. Quelle: Seite „Brisingamen". In: Wikipedia, Die freie Enzyklopädie. Bearbeitungsstand: 7. Dezember 2008, 19:30 UTC. URL: http://de.wikipedia.org/w/index.php?title=Brisingamen&oldid=53874539 [Abgerufen: 17. Juni 2009, 07:37 UTC] (aw)*

Hat auf Island Lokis alfische Natur vor allem Stoff zur Dichtung gegeben, so ist er auch hier in Verbindung mit den dämonischen Mächten, mit Hölle und Teufel gebracht worden. Seine Gattin ist Angrboða „die Schadenbringerin", und dieser Ehe entsprossen die unterirdische Hel, die meerumschlingende Miðgarðschlange und der dämonische Fenriswolf. In diese Verwandtschaft gehört auch sein chthonischer Bruder Helblindi, das männliche Gegenstück zur Hel. Von dem alfischen Loki wissen die Eddalieder und die Skaldengedichte mancherlei zu berichten. Einst hat er in seinem Übermut Thórs Gemahlin Sif die goldenen Haare abgeschnitten. Ihr Gatte Thór verlangt neue. Da macht sich Loki auf zu den Ivaldissöhnen, Zwergen, die sich durch ihre Kunstfertigkeit auszeichnen, und von ihnen bekommt er nicht nur neues Haar für die Sif, sondern auch Óðins Speer Gungnir und Freys Schiff Skiðblaðnir geschmiedet. In seinem Übermut wettet darauf Loki mit zwei anderen Zwergen, Brokk und Sindri, dass sie nicht gleich treffliche Dinge arbeiten könnten. Die Brüder gehen auf die Wette ein: es gilt das Haupt dessen, der besiegt wird. Als Fliege sucht er die Zwerge an der Vollendung ihrer Arbeit zu hindern, aber es gelingt ihnen doch den goldenen Ring Draupnir, Freys Eber und Thórs Hammer Mjǫllnir fertig zu stellen, und als die Asen die Wette entscheiden sollen, da bestimmen sie den Hammer Mjǫllnir als das beste Kleinod, und Loki hat die Wette und mit ihr sein Haupt verspielt. Aber er weiß sich aus der Schlinge zu ziehen: erst entflieht er mit seinen Schuhen, die ihn durch Luft und Meer tragen, dann weist er den Zwerg darauf hin, dass er wohl das Haupt, aber nichts vom Hals verwettet habe, und so konnte ihm der Zwerg nur die Lippen zusammennähen. – Ein andermal erscheint Loki als der dumme Hans, der die Königstochter zum Lachen bringt. Die Asen haben den Riesen Thjazi getötet. Seine Tochter Skaði verlangt dafür Sühne. Sie darf sich einen der Asen zum Gemahl wählen und soll außerdem zum Lachen gebracht werden. Letzteres gelingt Loki. Er verbindet durch eine Schnur, an der sie ziehen, den Bart einer Ziege mit seiner Scham, dass beide vor Schmerz laut aufschreien, und lässt sich dann der Skaði in den Schoß fallen, dass diese laut auflachen muss. – Auch zum Tode Thjazis war Loki indirekt die Veranlassung gewesen. Als ihn der Riese in Adlergestalt mit in die Luft gezogen hatte, da war er nur unter der Bedingung freigelassen worden, dass er dem Thjazi die Iðun mit ihren verjüngenden Äpfeln brächte. Unter dem Vorwand, ihr noch kostbarere Äpfel zu zeigen als sie besäße, lockte er die Göttin in abgelegene Gegend, wohin sie ihre Äpfel mitnahm, und von hier holte sie sich Thjazi nach Thrymheim. Als bald darauf die Asen die Entführung bemerkten, da sie alterten, musste Loki die Göttin wieder herbeischaffen. Im Falkengewand der Freyja flog er in die Wohnstätte des Riesen, verwandelte Iðun in eine Nuss und brachte sie so nach Ásgarð zurück. Thjazi merkte bald den Raub, flog in Adlergestalt nach, wurde aber innerhalb der Behausung der Asen von diesen getötet. Eine weitere Rolle spielt Loki in den Thorsagen (s. S. 61 ff.). Bund und Gegnerschaft der beiden Asen treten hier nebeneinander. Er hilft Thor seinen Hammer aus der Gewalt des Riesen wiederzugewinnen, hat aber wahrscheinlich selbst dessen Raub veranlasst. Er begleitet Thór zu Útgarðaloki, steckt aber in diesem Gegner selbst. Er führt den mächtigen Asen zu Geirröð, steht ihm aber im Kampf mit diesem Riesen bei. Thór ist auch der einzige Ase, der Gewalt über Loki hat. Als er in Lokasenna alle Asen verhöhnt und keiner ihm hat Ruhe gebieten können, da ruft man endlich Thór, der dem Losen den Mund zügelt. Thór zwingt ihn, die an den Asen verübten Missetaten wieder gutzumachen, er fängt ihn, als er sich nach Baldrs Tod im Fránangrsfors in Lachsgestalt aufhält. Deshalb sucht auch Loki, wo er kann Thór ein Schnippchen zu schlagen. Zuweilen blicken in diesen Thór-Lokimärchen die verschiedenen Schichten der Lokimythen durch. So im Märchen von Thórs Reise zu Útgarðaloki. Im Útgarðaloki (*Ugarthilocus* bei *Saxo grammaticus*) steckt der dämonische Loki, aber der alfische begleitet den Gott nach Riesenheim und isst hier mit Útgarðalokis Diener Logi, dem Wildfeuer, um die Wette. Dabei vermag er nur das Fleisch aufzuessen, das ihm vorgesetzt wird, während Logi auch die Knochen mit verzehrt.

Zu den Lokiabenteuern gehört auch der Raub des Brisingamen, des kostbaren Halsschmucks der Freyja. Loki hat dies Halsband gestohlen, birgt es hinter einer Meerklippe und bewacht es in Robbengestalt. Da macht sich Heimdallr auf, verwandelt sich ebenfalls in eine Robbe und ringt nach hartem Kampf Loki das Kleinod wieder ab.

Eine besondere Rolle spielt Loki beim Göttergeschick und bei dem Tod Baldrs, den die Snorra-Edda damit in Zusammenhang gebracht hat. Als der Untergang der Götter nahte, so erzählt die Vǫluspá, da wird auch der gefesselte Loki wieder frei, und mit den anderen menschen-, götter- und weltvernichtenden Mächten zieht er heran, um an dem Kampf gegen die Götter teilzunehmen. In Fesseln ist er aber nach Snorri geschlagen worden, weil er Baldrs Tod veranlasst hat. Das weit verbreitete Märchen vom gefesselten Unhold, das aller Wahrscheinlichkeit nach im Kaukasus seinen Ursprung hat, ist an Loki geknüpft, und die Fesselung ist als Strafe für Baldrs Tötung gedeutet. Dies ist die spätisländische Variante von Baldrs Ende, in der anstelle von Gegner des lichten Asen, von Hǫðr, Loki getreten ist. Danach hat Loki in Gestalt eines alten Weibes von Frigg erfahren, dass nach Vereidigung aller Wesen allein der Mistelzweig nicht geschworen habe, Baldr zu schonen. Ihn holt Loki herbei, drückt ihn dem blinden Hǫðr beim Spiel der Asen mit Baldr in die Hand, lenkt das Geschoss und bewirkt so den Tod des Gottes. Als er darauf von den Asen verfolgt wird, birgt er sich in Lachsgestalt in einem Wasserfall. Hier fängt ihn Thór, und nun wird er in einer Felsenhöhle angebunden. Es ist dann poetisch weiter ausgeführt, wie auf Skaðis Veranlassung eine Schlange ihr Gift auf sein Antlitz speit, wie aber sein Weib Sigyn in einer Schale das Gift auffängt und so den Schmerz abwendet. Nur wenn sie die Schale ausgießt, kommt ein Tropfen auf Lokis Gesicht, und dann zuckt der Gefesselte, das die Erde bebt: das nennen die Menschen Erdbeben.

Hier ist der ätiologische Mythos vom Ursprung des Erdbebens, den schon das Altertum kannte und aus dem Abendland nach dem Norden kam, an Loki geknüpft. Weitere Erlebnisse Lokis enthalten die Thórsagen.

Donar-Thór

Die zweite gemeingermanische Gottheit ist der Donnergott (ahd. *Donar*, as. *Thuner*, an. þórr). Die älteren lateinischen Schriftsteller und germanische Söldner in römischen Diensten nennen ihn Herkules, spätere Quellen Jupiter. Daher wurde der römische *dies Jovis* im Germanischen zu *Donarestac*, Donnerstag. Etymologisch gehört das Wort Donar zu lat. *tonare* „tönen". In frühester Zeit haben die Germanen einen Gott des Donners nicht gekannt. Die Naturerscheinung hat ihnen Furcht und Schrecken eingeflößt, und man mag sich einen Dämon in Riesengestalt als Urheber vorgestellt haben. Aber schon in vorgeschichtlicher Zeit ist die Vorstellung von einem Wesen entstanden, das bei allen Stämmen göttliche Verehrung genoss. Ganz besonderer Verehrung erfreute es sich in Norwegen unter den freien Bauern, die ihm ihre Eigentempel weihten, ihre Kinder unter seinen Schutz stellten und sie nach ihm benannten, und zu ihm in allen Lebenslagen ihre Zuflucht nahmen. Aus deutschen und altenglischen Quellen erfahren wir nur wenig über diese Gottheit. Die Zeugnisse beziehen sich alle auf den Glauben an ihn und seinen Kult, Mythen von dem Gott besitzt auch nur die norwegisch-isländische Dichtung. Hier ist Thór die Gestalt eines germanischen Recken, der in Kämpfen mit Riesen seine Freude findet, der im Dienst der Menschheit die alten dämonischen Mächte bekämpft und an den sich die verschiedensten Märchenmotive ankristalliert haben. Er ist dadurch zum Märchenhelden geworden wie Oðin zum Romanhelden. Ein altes Eddalied, die Hárbarðsljóð, hat diesen Gegensatz der beiden Gottheiten trefflich gezeichnet. Thór kommt auf dem Heimweg von seinen Ostfahrten an einen Sund, barbeinig, in schlichtem Anzug, etwas Bauernkost in der Tasche. An dem anderen Ufer des Wassers befindet sich als Ferge der Graubart Óðin. Von diesem verlangt Thór übergesetzt zu werden. Allein der Fährmann hat keine Lust, und nun entwickelt sich zwischen den beiden ein Zankgespräch, in dem einer dem anderen etwas am Zeuge zu flicken sucht und sich seiner Heldentaten rühmt. Während sich aber Óðin mit galanten Abenteuern brüstet, die er gehabt hat, rühmt sich Thór seiner Kämpfe gegen Riesen und Riesenweiber, von denen er die Welt gesäubert, wodurch er Asen und Menschen geholfen hat.

Der Gegensatz zwischen Óðin und Thór, der in diesem Gedicht zutage tritt, wurzelt in der verschiedenen Verehrung der beiden Götter. Nicht selten begegnet man in den nordischen Sagas, dass von zwei Gegnern der eine Óðin, der andere Thór um Sieg angerufen und geopfert hat, dass beide Götter Partei ergreifen. Als z. B. der Schwedenkönig Eiríkr gegen seinen Neffen Stýrbjǫrn kämpfte, rief dieser Thór um seinen Beistand an, während Eiríkr Óðin opferte und ihm sich selbst weihte. Beiden erscheint ihr Gott im Traum. Thór äußert, dass ihm der Kampf nicht lieb sei, Óðin dagegen befiehlt seinem Schützling, einen Rohrstengel über die Gegner zu werfen und sie ihm zu weihen. Das geschieht, Eiríkr siegt, und Stýrbjǫrn kommt mit seinem ganzen Gefolge um. Auf solchem Gegensatz in der Verehrung der beiden Götter beruht es auch, wenn der Dichter der Hárbarðsljóð den Hárbarð seinem Gegner zurufen lässt: „Óðin hat die Jarle, die im Kampf fallen, aber Thór die Knechte", denn im Norden genoss jener unter den Kriegern, unter den friedlichen Bauern dieser mehr Verehrung. Donar erscheint in allen Quellen, wo er begegnet, als eine kraftvolle, mächtige Gestalt. Auf Inschriften germanischer Söldner in römischem Dienst wird er daher *Hercules magusanus* „der Starke" oder *invictus* „der Unbesiegte" genannt, und Tacitus sagt, dass die Germanen ihn als den vorzüglichsten aller Helden besungen hätten, wenn sie in den Kampf gingen. Sein Gesicht schmückt ein großer Bart. *Hercules barbatus* nennen ihn deshalb germanische Söldner. Norwegern, Schweden, Isländern, die ihn um Beistand angerufen haben, erscheint er im Traum als große rotbärtige Gestalt. Als die schon christlichen Grönländer auf ihrer Suche nach Vínland durch den Genuss von Frischfleisch erkrankten, da rief ihnen ihr noch heidnischer Genosse Thórhallr zu: „Ist es nicht so, dass der Rotbärtige mächtiger ist als euer Christ?" Wie hier hat auch in dem *Jupiter ardens*, dem flammenden Donar, den die Sueben nach den Predigten des St. Gallus verlassen, der Blitz die Veranlassung zum mystischen Bild gegeben. Wie beim Donnergott nicht anders zu erwarten ist, zeichnet er sich durch seine kräftige Stimme aus. Daher heißt er *Hlórriði* „der brüllende Wetterer". Einst kam König Óláfr von Norwegen auf seinen Bekehrungsfahrten zu einem Thórverehrer. Da findet dieser seinen Gott missmutig und erfährt von ihm die Ursache des Missmutes. Durch Óláfs Bekehrungspolitik falle von ihm einer nach dem anderen ab. Infolgedessen ruft er ihm zu: „Lass gegen sie (Óláf und seine Leute) deine Bartstimme dröhnen, und wir werden ihnen tüchtig Widerstand leisten." Diese Bartstimme des Gottes ahmten die Germanen nach, wenn sie in den Kampf zogen. Es ist der *barditus* (Bartgesang), von dem Tacitus berichtet. Gemeingermanisch ist ferner die Vorstellung, dass Donar in der Hand eine Waffe, eine Keule oder einen Hammer, führe, die er werfe und die von selbst zu ihm zurückkehre. Diese Waffe gab Veranlassung, dass die römischen Schriftsteller in ihm den griechischen Herkules fanden. Bei den Dithmarschen heißt es noch heute, wenn es donnert, der Alte schlägt mit der Axt an die Räder seines Wagens. Zu Skandinavien kennt man ebenfalls noch heute Thórs schweren Hammer. In den nordischen Mythen heißt dieser Hammer *Mjǫllnir* d. i. Zermalmer. Ursprünglich war dieser, wie bei zahlreichen anderen Völkern, ein vom Himmel herabgefallener Stein, der Donnerkeil, dem man besondere Macht zuschrieb und an den sich zahlreicher Aberglaube knüpfte. Erst mit Aufkommen Thórs als Gott des Donners wurde er mit diesem in Zusammenhang gebracht. Diesen Thórshammer zeigen häufig die Skulpturen nordischer Runensteine und zahlreiche kleine silberne Hämmer, die als heilige und schützende Amulette in den prähistorischen Gräbern gefunden worden sind. Mit seinem Hammer weihte Donar die Verträge, u. a. auch den Ehebund. Diese Donarweihe bezeugt die Nordendorfer Spange, eines der wichtigsten Zeugnisse altdeutschen Donarglaubens. Im Volksglauben lebt sie lange fort.

> *„Der schmid warff seinen hammer*
> *Von oben ab ze tal,*
> *Schal hub sich in den lüfften",*

singt Muskatblüt im 15. Jahrhundert, als er den Bund der Maria mit dem Jesuskind verherrlichte. Im Lied vom Riesen Thrym will der Thursenfüst seine Ehe mit dem als Freyja verkleideten Thór feiern. Alles scheint in Ordnung zu sein. Da ruft er seinen Riesen zu:

> *Bringet herein den Hammer, die Braut zu weihen,*
> *Legt Mjǫllnir in des Mädchens Schoß.*

Norwegische Volkssagen wissen zu erzählen, wie Thór bei Hochzeiten herabkommt und die Ehe segnet. Auch andere heilige Handlungen und Rechtsvorgänge werden mit Thórs Hammer geweiht. Auf Runensteinen finden sich häufig die Worte: „Thór weihe diese Runen, weihe diesen Hügel". Als man für Baldr den Scheiterhaufen errichtet hatte und der tote Gott darauf verbrannt werden sollte, da weihte Thór ebenfalls den Holzstoß. So spielt er mit seinem Hammer eine Rolle bei allen feierlichen Handlungen. Hiermit mag es zusammenhängen, dass nach Einführung der römischen Woche der Donnerstag als besonders geeigneter Tag für öffentliche Versammlungen und Hochzeiten gehalten wurde.

Vor allem eine hohe Verehrung hat Thór bei den Norwegern und in den von ihnen besiedelten Ländern des Westmeeres genossen. Zu Hunderten zählen die Personennamen, die von seinem Namen abgeleitet sind, und mancher Ort erinnert an den Kult des Gottes. Hier ist er der am meisten verehrte Ase, der erste aller Götter hier schnitzt man sein Bild in die Pfeiler, die den Hochsitz zieren, hier ruft man ihn an, um Fruchtbarkeit der Felder zu erlangen, hier ist er Gott des Wetters und Windes und dadurch auch der Schifffahrt. Zahlreich sind die Zeugnisse, wo von seinem Tempel, seinem Bild, seiner Verehrung erzählt wird. In Familien, von Einzelpersonen sehen wir ihn verehrt wie im Gauverbande. Ein Thórstempel befand sich auf Rauðsey, einer Insel im nördlichen Norwegen. Zu Mœrir opferten die Drontheimer ihrem Thór, dessen Bild aus Gold und Silber war. Zu Hundthorp in Guðbrandsdal befand sich an der Dingstätte der Guðbrandstaler ein Heiligtum Thórs. Von der norwegischen Insel Mostr nahm Thórólfr das Holz seines Thórstempels bei seiner Auswanderung mit nach Island und errichtete hier dem Gott eine neue Heimstätte: den Ort, wo die Hochsitzsäulen mit dem Thórsbild angeschwommen waren, nannte er Thórsnes, den Hauptstrom an der Grenze seines Gebietes Thórsá. Derselbe Thórólfr schenkte seinen

Sohn Stein dem Thór und nannte ihn Thorstein. Und ebenso verfährt dieser Thorsteinn wieder. Auch er weiht seinen Sohn dem Gott, nennt ihn Thorgrím und bestimmt, dass er Tempelpriester im Heiligtum Thórs werden solle. So wurde dieser Gott bei allem, was man tat, um Rat gefragt, bei jedem Unternehmen um Beistand angerufen. Er galt als Beschirmer friedlicher Arbeit und stand den Menschen bei im Kampf gegen die dämonischen Mächte. Daher heißt er der Feind der Riesen und Riesenweiber, der Schirmer Miðgarðs, d. i. der Erde. Und als man in Ásgarð den Asen eine besondere Wohnstätte gegeben hatte, wurde er auch der Verteidiger dieser, und die mythologische Dichtung erzählt, wie er die Asenburg gegen die Riesen geschützt habe.

In dieser nordisch-mythologischen Dichtung ist nun auch das Bild des Gottes weiter ausgeschmückt. Alte, einst selbständige Gottheiten sind mit ihm verwandtschaftlich verknüpft, aus seinen Eigenschaften sind ihm Kinder entstanden, seinen Werkzeugen sind Namen gegeben worden. Bei den Skalden ist Thór nach der Einwanderung Óðins dessen kraftvoller Sohn. Älter ist sicher die Verbindung Thórs mit der Erdgöttin, als deren Sohn er mehrfach begegnet. Diese Mutter Thórs heißt bald *Jǫrð* (Erde), bald *Hlóðyn*, die als *Hludana* auf römisch-germanischen Inschriften am Niederrhein vorkommt, bald *Fjǫrgyn*. Alle diese Namen sind zugleich poetische Bezeichnungen für „Erde". Fjǫrgyn ist gepaart mit einem *Fjǫgunn*, der sich mit dem ahd. Gebirgsnamen *Fergunna*, got. *fairguni*, ags. *firgin* „Berg" deckt und im litauischen *Perkúnas* als Gewittergott erscheint. Thórs Gattin ist *Sif*, die „Erfreuende, die Gattin". Beider Kind ist *Thrúðr* „die Kraft", die mytische Personifikation einer Eigenschaft des Gottes. Nach dem jungen Gedicht Alvísmál hat sich der Zwerg Alvís während der Abwesenheit des Vaters mit ihr verlobt, wird aber nach Thórs Rückkehr von diesem durch Fragen und nach den Namen allerart Dinge bei den verschiedenen Wesen auf der Erde zurückgehalten, bis ihn die aufgehende Sonne in Stein verwandelt. Auch Thórs beide Söhne *Magni* und *Móði* („Kraft" und „heftiger Sinn") sind nichts anderes als personifizierte Eigenschaften des Vaters. Von Magni, den der Gott mit dem Riesenweib *Járnsaxa* erzeugt haben soll, wird die Stärke gerühmt: als im Kampf mit dem Riesen Hrungnir dessen Fuß auf Thór gefallen war, konnte ihn niemand anders heben als dieser dreitägige Sohn (S. 63). Beide Kinder werden einst in der verjüngten Welt des Hammers *Mjǫllnir* walten. – Aus des Gottes Handlungen hat ferner die Dichtung seine Pflegekinder *Vingnir* „Schwinger" und *Hlóra* „zuckende Flamme" geschaffen. In der Begleitung des Gottes finden wir neben Loki den Knabe *Thjálfi*, der sich durch seine Schnelligkeit auszeichnet. Von diesem Thjálfi (Thjelvar) erzählte man auf der Insel Gotland, dass er zuerst das Feuer auf die Erde gebracht habe.

Die nordische Dichtung hat Thór auch eine Heimstätte gegeben: Thrúðheim oder Thrúdvang „das Heim, das Feld der Kraft". Hier befindet sich seine Wohnung Bilskirnir, der größte aller Götterpaläste. Von hier aus unternimmt der Gott seine Ostfahrten zu den Riesen. Nicht immer wandert er, zuweilen fährt er in seinem Wagen. Daher heißt er „der Gott des Wagens", „der Wagenmann". Zwei Böcke *Tanngnjóstr* („Zahnknisterer") und *Tanngrisnir* („Zahnknirscher"), ziehen diesen Wagen. Den Hammer Mjǫllnir umspannt die Hand mit dem Eisenhandschuh, die Lenden des Gottes schmückt die *megingjǫrð*, der Kraftgürtel, durch den seine Stärke wächst.

Ein Gott von solcher Stärke, wie es Thór ist, muss natürlich auch viel essen und trinken. Diese Ess- und Trinklust ist typisch geworden wie das Feuer seines Blickes, dem niemand widerstehen kann. Als er in Freyjas Gewand sich in Riesenheim befand, da aß er zwei Ochsen, acht Lachse, die ganze Speise, die für die Frauen bestimmt war, und trank drei Tonnen Met. Und als der lüsterne Riese der erhofften Braut den Schleier lüftet und ins Auge schaut, da prallt er vor dem Blick des Gottes zurück und fällt den Saal entlang.

Von einem solchen Liebling des Volkes musste natürlich auch mancherlei erzählt werden. So rankte sich denn um Thór die mythologische Legende und mit ihr das Märchen. Von keinem Gott hat die nordische Dichtung so viel Abenteuer überliefert wie von Thór. Meist sind es Kämpfe, die der Gott mit Riesen zu bestehen hatte. Ganz besonders enthält die Snorra-Edda zahlreiche, die freilich durch die Erzählungskunst Snorris vielfach ausgeschmückt sind.

Die Heimholung des Hammers

Thór erwacht eines Morgens und vermisst seinen Hammer. Er ruft Loki, und dieser muss Rat schaffen wie der Hammer wiederzuerlangen ist. Die anderen Lokischwänke legen die Vermutung nahe, dass Loki den Hammer in die Gewalt des Riesen gebracht hat. In Freyjas Falkengewand macht sich dieser auf, kommt zur Thursenfürsten Thrym („Lärmer"), der den Hammer acht Klafter tief in der Erde verborgen hält, und erfährt von ihm, dass er nur unter der Bedingung den Hammer herausgebe, wenn er Freyja zum Weib erhalte. Die Götter kommen zum Thing zusammen, um hierüber zu beraten. Entrüstet weist Freyja die Aufforderung, mit nach Jǫtunheim zu gehen, zurück. Da rät Heimdallr, man solle Thór Frauengewänder anlegen und ihn nach Jǫtunheim führen. Anfangs braust dieser über den Rat auf. Als er aber selbst keinen anderen Ausweg findet, da lässt er sich mit Freyjas Frauengewand und dem herrlichen Brisingenkleinod schmücken und begibt sich so als Freyja mit Loki, der ihn als Magd begleitet, nach Riesenheim. Freude herrscht beim alten Thrym, als er die vermeintliche Braut mit ihrem Mädchen ankommen sieht. Bald wird das Mahl bereitet. Thór-Freyja isst einen Ochsen, acht Lachse und alles andere, was für die Frauen bestimmt ist. Dazu trank er drei Tonnen Met. Der Riese staunt über diese Ess- und Trinklust, aber die listige Magd Loki weiß sie zu erklären: „Nichts aß Freyja acht Nächte hindurch, so trieb es sie nach Riesenheim." Da gelüstet es Thrym, die Braut zu küssen. Wie er aber den Schleier hebt und ihr ins Auge schaut, da trifft ihn des Gottes Blick und er fällt in den Saal zurück. Wieder weiß Loki das

Funkeln der Augen zu erklären: „Nicht schlief Freyja acht Nächte lang, so trieb sie die Sehnsucht nach Riesenheim." Jetzt lässt Thrymr den Hammer holen, damit durch ihn die Ehe geweiht werde. Doch kaum hat Thór den Mjǫllnir im Schoß, da erfasst er ihn und erschlägt nun Thrym und alle Riesen, die unter ihm stehen.

Thór holt den Metkessel vom Riesen Hymir

Die Asen sind einst beim Meergott Aegir zum Gelage. Da fehlt es an einem Metkessel, der groß genug ist, für alle Teilnehmer das Bier zu fassen. Týr weist darauf hin, dass sein Vater Hymir, der am Himmelsrand wohnt, einen Kessel besitze, der eine Meile tief sei. Gemeinsam machen sich Thór und Týr auf zur Halle des Riesen. Dieser ist bei ihrer Ankunft nicht zugegen. Sein Mädchen, die Mutter Týrs, hilft den Göttern und birgt sie unter einem Kessel. Am Abend kommt der Riese von der Jagd heim. Sein gefrorener Bart gleicht einem Wald. Das Mädchen begrüßt ihn und erzählt, dass Thór und ihr Sohn zu Besuch gekommen seien. Da schaut sich der Riese in seinen Gemächern um. Vor seinem Blick bersten Pfeiler und Balken, zerbrechen sieben Kessel, und nur der eine, unter dem sich die Götter befinden, bleibt unverletzt. Da treten die Götter hervor. Hymir erkennt den alten Gegner der Riesen, aber das Gastrecht verbietet ihm, sich an ihm zu vergreifen. Das Mahl wird bereitet. Von den geschlachteten drei Ochsen isst Thór allein zwei. Am nächsten Morgen soll durch einen Fischfang für neue Nahrung gesorgt werden. Thór will mit hinaus aufs Meer. Als Köder holt er sich das Haupt eines schwarzen Stieres aus Hymirs Herde. Nun fahren Thór und der Riese dorthin, wo dieser zu angeln pflegt. Weit draußen auf dem Meer wird die Angelschnur ausgeworfen. Während der Riese Wale fängt, beißt an der Angel Thórs die Miðgarðschlange an. Als sie der Gott in die Höhe ziehen will, zerschneidet Hymir die Schnur, und so fällt das Ungetüm ins Meer zurück. Darauf kehrt man heim. Thór trägt allein das Boot und die beiden Wale, die der Riese gefangen, auf seinen Schultern ins Land. Der Riese ist in der Kraftprobe von Thór besiegt worden, aber gleichwohl gibt er den Kessel noch nicht heraus. Der Ase soll erst noch einen kristallenen Becher zerschlagen. Alle Versuche, dies auszuführen, missglücken, bis ihm das Mädchen den Rat gibt, den Becher dem Riesen an den Kopf zu werfen. Jetzt zerspringt er, und nun muss der Kessel hergegeben werden. Noch gilt es diesen aufzuheben. Týr versucht es vergeblich. Aber Thór ist es ein leichtes. Er stülpt den Kessel über den Kopf und sofort geht es zu Aegir zurück. Doch der Riese versammelt alsbald sein Geschlecht und setzt dem Asen nach. Als dieser es gewahr wird, setzt er den Kessel nieder und tötet das ganze Riesengeschlecht.

In diesem Lied von der Kesselholung sind verschiedene märchenhafte Erzählungen zu einem Ganzen verwebt, darunter Thórs Fang der Miðgarðschlange, ein bei den Skalden sehr beliebter Stoff, der unabhängig von der Kesselholung wiederholt behandelt worden ist.

Thór und Hrungnir

Wieder ist Thór auf Ostfahrten. Da hat sich Óðin mit goldenem Helm auf dem Haupt auf seinem Ross Sleipnir nach Jǫtunheim aufgemacht und ist zum Riesen Hrungnir („Lärmer") gekommen. Diesem gegenüber wettet er, dass es in Riesenheim kein schnelleres Ross gebe als seinen Sleipnir. Hrungnir bestreitet das und hält seinen Gullfaxi für besser. Sofort besteigt er ihn und sucht Óðin zu fangen. Allein es gelingt dem Riesen nicht. In seinem Verfolgungseifer befindet sich Hrungnir plötzlich in Ásgarð, und hier wird er von den Asen zum Gelage eingeladen. Bei diesem gibt man ihm die Hörner, aus denen sonst Thór zu trinken pflegt, und bald ist der Riese betrunken. Niemand außer Freyja wagt ihm ferner das Horn zu bieten. In seiner Trunkenheit prahlt er, den Asensitz nach Riesenheim schaffen und alle Götter außer Freyja und Sif töten zu wollen Als der Übermut dieses Prahlhansen gar zu schlimm wird, rufen die Asen Thór. Dieser erscheint, aber das Gastrecht verbietet ihm, dreinzuschlagen und den Riesen zu töten, da ihn ja Óðin selbst zum Mahl geladen hat. Außerdem weist Hrungnir den Thór darauf hin, dass er ja waffenlos sei und dass es für Ásathór keine Ehre wäre, mit einem Waffenlosen zu kämpfen. Aber zu Grjótunagarð, an der Grenze zwischen Asen- und Riesenheim, wolle er sich zu bestimmter Frist einstellen und hier mit Thór den Zweikampf wagen. Der Ase geht auf diesen Vorschlag ein. Als der Tag des Holmgangs gekommen ist, errichten die Riesen zu Grjótunagarð eine mächtige Lehmgestalt, neun Meilen hoch und unter den Armen drei Meilen breit, und setzen ihr ein Stutenherz ein. Sie gaben ihr den Namen Mokkurkálfi. Hrungnir hatte Herz und Schädel aus Stein und schirmte seinen Körper mit einem gewaltigen Schild. So erwartete er Thór. In der Begleitung des Gottes befand sich Thjálfi. Er war seinem Herrn vorausgeeilt, erblickte den Riesen und rief ihm zu: „Tue deinen Schild unter die Füße, denn Thór kommt von unten aus der Erde." Die List gelingt, denn nun war der Körper des Riesen ungedeckt. Als dieser Thór zu Gesicht bekommt, schleudert er seine Waffe, einen Wetzstein, gegen ihn, der Ase jedoch wirft seinen Hammer. Beide Waffen treffen sich in der Luft. Der Hammer zerschlägt den Wetzstein, und tötet damit den Riesen, während ein Stück von dem Stein in Thórs Haupt dringt. Währenddessen hat Thjálfi in leichtem Kampf den Lehmriesen gefällt. Aber auch Thór ist zu Fall gekommen, und der Fuß des Riesen liegt auf seinem Hals. Da versucht Thjálfi, ihn zu beseitigen. Aber weder ihm noch einem der Asen, die unterdessen hinzugekommen sind, gelingt es. Endlich schiebt ihn Thórs dreitägiger Sohn Magni mit Leichtigkeit beiseite. An diese Thórslegende ist eine zweite verknüpft. Am Frühjahrshimmel befindet sich ein leuchtendes Gestirn, das nannten die alten Nordgermanen „Aurvandils Zehe". Über den Ursprung dieses Sternbildes erzählte man sich folgendes: Einst kam Thór aus Jǫtunheim und brachte von hier den Aurvandil mit, den er in einem Korb auf dem Rücken trug. Eine Zehe des Riesen guckte aus dem Korb hervor, und als Thór die Élivágar durchwatete, erfror die Zehe. Thór brach sie ab und warf sie an den Himmel. Dieser Aurvandil, der durch ätiologische Mythenbildung aus dem Namen des Morgensternes (ags. *earendel*) entstanden ist, war der Gemahl der Völve Gróa. Zu dieser begibt sich Thór nach seinem Abenteuer mit Hrungnir und veranlasst sie, durch Zauber das Stück Stein aus seinem Kopf zu befreien. Die Heilung scheint zu gelingen. Zum Lohn erzählt Thór als Neuigkeit, wie er ihren Mann aus Riesenheim geholt habe. Aus Freude über diese Nachricht vergisst Gróa den Zauberspruch, und so blieb der Wetzstein in Thórs Haupt.

Thór und Geirröðr

Besonders beliebt muss einst im Norden die Legende von Thórs Abenteuer mit dem Riesen Geirröð gewesen sein. Noch in geschichtlicher Zeit fordert ein norwegischer König einen seiner Skalden auf, den Streit eines Gerbers mit einem Eisenschmied nach dem Vorbild von Thórs Kampf mit Geirröð zu besingen. Nach eddischer Überlieferung hat Loki Veranlassung zu dem Kampf gegeben. Dieser war einst in Freyjas Falkengewand nach Riesenheim geflogen und war hier in die Gewalt Geirröðs gekommen. Nur unter der Bedingung gab ihn der Riese wieder frei, wenn er dafür sorge, dass Thór ohne seinen Hammer, seinen Kraftgürtel und seine Eisenhandschuhe nach Riesenheim komme. Loki löst sein Wort ein. Thór macht sich ohne Waffe nach der ältesten Fassung mit Thjálfi, nach jüngerer mit Loki, die aber beide in der Erzählung keine Rolle spielen, auf den Weg und kehrt unterwegs bei der Riesin Grið, der Mutter des Asen Viðar ein. Wie er hier seine Absicht, den Riesen Geirröð aufzusuchen, erzählt, fürchtet diese für den Gott und gibt ihm ihren Kraftgürtel, ihre Eisenhandschuhe und ihren Zauberstab. Aus seiner weiteren Reise hemmt ein Strom seinen Weg. Auf dem Zauberstab der Grið reitend kommt Thór bis zur Mitte. Da merkt er, wie Geirröðs Tochter stromaufwärts das Wasser schwellen macht, und sofort schleudert er einen Stein nach der Riesin. An einem Vogelbeerstrauch, der im Sprichwort Thórs Rettung heißt, zieht er sich schließlich ans Land. In Geirröðs Behausung steht nur ein einziger Stuhl. Als sich der Ase auf diesen gesetzt hat, bemerkt er, wie er sich nach der Decke bewegt. Sofort stemmt er mit Hilfe des Zauberstabs dagegen und zerbricht dadurch den beiden Töchtern Geirröds, die sich unter dem Stuhl befinden, das Genick. Als er dann zu Geirröð kommt, nimmt dieser mit der Zange ein glühendes Stück Eisen aus dem Feuer und wirft es nach Thór. Allein es wird von dem Gott mit den Eisenhandschuhen aufgefangen und nun gegen den Riesen geworfen, den es zu Boden schmettert mit der Säule, hinter der er sich verbarg.

Thórs Fahrt zu Útgarðaloki

Ein selbstständiges Märchen hat einst erzählt, wie Thjálfi zu Thór gekommen ist und wie es sich zugetragen hat, dass einer von des Gottes Böcken lahm wurde. Das weit verbreitete Märchenmotiv von der Wiederbelebung eines geschlachteten Tieres ist hier auf Thórs Böcke übertragen. Dieses ist mit anderen Thórsmythen verknüpft worden, so auch mit der von Thórs Fahrt zu Útgarðaloki, dem Herrn der fernen Riesenwelt, einer Erzählung, die in der vorliegenden Gestalt nur die Snorra-Edda kennt.

Gemeinsam mit Loki macht sich Thór zu neuer Ostfahrt auf. Am Abend kehren sie bei einem Bauern ein. Hier schlachtet der Gott zum Nachtmahl seine Böcke, lädt den Bauern und seine Kinder Thjálfi und Rǫskva zum Mahl ein, befiehlt ihnen aber, die Knochen der Tiere ja zu schonen und auf das ausgebreitete Bocksfell zu legen. Allein Thjálfi spaltet einen Beinknochen und genießt das Mark. Am nächsten Morgen erweckt Thór mit seinem Hammer die Böcke zu neuem Leben. Da merkt er, dass der eine Bock lahm ist, und aus Zorn über die übelbelohnte Gastfreundschaft will er den Bauern und seine Familie vernichten. Durch Bitten lässt er sich schließlich erweichen, dass er nur die beiden Kinder mit sich nimmt. Rǫskva verschwindet jetzt in dem weiteren Bericht, Thjálfi dagegen begleitet den Gott und Loki nach Riesenheim. Die Böcke werden unterwegs zurückgelassen. Am Abend kehren die drei in einem Waldhaus ein. Da erbebt plötzlich um Mitternacht die Erde, und man vernimmt mächtiges Brausen und Schnauben. Thór geht mit seinem Hammer hinaus und sieht da einen Mann liegen, der mächtig schnarcht und nach dem Erwachen sich Skrýmir („Prahlhans") nennt. Dieser bietet sich Thór und seinen Genossen als Reisegefährte an. Nach dem gemeinsamen Mahl trägt Skrýmir in seinem Bündel für alle den Speisevorrat. Am Abend legt sich der Fremde unter eine Eiche und schläft alsbald ein. Wie Thór und seine Genossen nun essen wollen, können sie den Speisesack nicht lösen. Der Ase weiß jetzt, dass ein Riese sie begleitet hat. Dreimal schlägt er mit seinem Hammer dem Schlafenden auf den Kopf, aber dieser ist beim Erwachen immer ziemlich gleichgültig. Das eine Mal sagt er, es müsse ihm ein Laubblatt auf den Kopf gefallen sein, das andere Mal eine Eichel, beim dritten Schlag die Feder eines Vogels. Am nächsten Morgen kommt man nach Utgarð. Skrýmir weist Thór noch den Weg und warnt ihn vor dem Herrn der Burg und seinem Gefolge. Bald sind sie in der Burg. Hier sitzt Útgarðaloki auf seinem Thron, blickt höhnisch auf die Asen von oben herab und fragt sie nach ihrer Kunst und Begabung. Loki, der zuerst Antwort gibt, rühmt sich seiner Esslust. Logi („Lohe"), einer von Útgarðalokis Mannen, soll mit ihm um die Wette essen. Ein großer Trog mit Fleisch wird hereingebracht. Bald hat Loki alles Fleisch aufgegessen. Logi aber hat nicht nur das Fleisch, sondern auch die Knochen mit verzehrt. Jetzt kommt Thjálfi an die Reihe. Er rühmt sich seiner Schnelligkeit im Laufen. Útgarðaloki lässt seinen Knaben Hugi („Gedanke") hereinrufen, und sofort beginnt der Wettlauf. Dreimal eilen Thjálfi und Hugi dem Ziel zu, aber stets ist dieser ungleich früher da als Thjálfi. Die beiden Genossen sind besiegt. Jetzt soll Thór selbst seine Kunst zeigen. Dieser sagt, dass er sich am liebsten mit Wetttrinken messe. Da lässt der Herr von Útgarð das Strafhorn seiner Leute bringen. Dreimal setzt Thór an, aber nur wenig Trank schwindet aus dem Horn. In zwei weiteren Proben soll Thór seine Kraft beweisen. Er soll eine graue Katze, die auf dem Estrich sitzt, in die Höhe heben. Es gelingt ihm nur, dass die Katze einen Fuß vom Boden hebt. Dann soll er mit Elli („Alter"), der alten Amme Útgarðalokis, ringen. Aber auch ihrer kann er nicht Herr werden, ja Thór fällt sogar auf das eine Knie. Da gebietet Útgarðaloki, den Kampf abzubrechen.

Die Asen bleiben in Útgarð über Nacht. Am nächsten Morgen machen sie sich heimwärts. Útgarðaloki begleitet sie. Thór ist wegen seiner Misserfolge sehr kleinlaut. Doch tröstet ihn sein Begleiter und erzählt, wie man ihn mit Blendwerk getäuscht habe. Schon Skrýmir war Útgarðaloki. Die Hammerschläge in jener Nacht, da Thór diesen hatte erschlagen wollen, wurden durch mächtige Berge vom Haupt des Riesen abgehalten. Die Täler, die man in dem Gebirge sieht, sind durch jene Hammerschläge entstanden. Loki hatte mit dem Feuer, Thjálfi mit Útgarðalokis Gedanken den Wettkampf aufgenommen. Das Horn, aus dem Thór getrunken, hatte seine Spitze im Meer. Die Ebbe zeige, wie mächtig der Ase gezecht habe. Die Katze, die er aufzuheben versucht, war die Miðgarðschlange, das alte Weib, mit dem er gerungen, das Alter, das noch niemand überwunden habe. Wie Thór solches erfährt, gerät er in Zorn. Er erhebt den Hammer und will Útgarðaloki töten. Aber dieser ist verschwunden wie die Burg, in der er herrscht, und Thór befindet sich mit seinen Gefährten auf freiem Feld.

Schon die Personifikation abstrakter Begriffe zeigt, dass wir es hier mit späten poetischen Gebilden zu tun haben, die zum Teil auf Wandermotive zurückgehen.

Zîu-Týr

Die dritte Gottheit, die allen germanischen Stämmen gemeinsam ist, heißt bei den oberdeutschen Stämmen *Zîu*, bei den Angelsachsen *Tîw*, bei den Nordgermanen *Týr*. Sprachlich steht das Wort in Ablautsverhältnis zu dem indischen *Dyâus*, griech. *Ζεύς* und begegnet selbst im lat. *deus*, ind. *dēva*, litauisch *dēvas*. Der Name bedeutet also „Gottheit" schlechthin. Er ist die Kollektivierung des Appellativum *tívar* „Götter", das auch im Singular in Kompositis wie *Sigtýr*, *Veratýr* und dgl. begegnet. Aus der angenommenen Gleichstellung mit *Dyâus*, *Ζεύς*, *Jupiter* hat man geschlossen, dass *Tîwaz*, wie die Gottheit urgerm. gelautet haben muss, in vorhistorischer Zeit ein lichter Himmelsgott gewesen sei, dessen Machtgebiet sich allmählich verengt hätte und zum größten Teil auf Wôdan übertragen wäre. Soweit die Quellen zurückreichen, begegnet *Zîu-Týr* nur als Kriegsgott. Römische Schriftsteller geben ihn immer mit *Mars*, griechisch schreibende mit Ἄρης wieder und der römische *dies Martis* ist ahd. *Ziestac*, ags. *Tîwesdæg*, an. *Týsdagr*. Altbayrische Denkmäler nennen diesen dritten Wochentag Erigtac, Erchtac woraus man fälschlicherweise eine andere Benennung dieses Gottes (Eru) erschlossen hat, da der Name nur „Glückstag" bedeutet (Lindquist). Ein Beiwort des Zîu war auch Things. Auf dieses geht unser Dienstag zurück. Unter diesem Beiwort verehrten ihn germanische Soldaten, die in römischen Diensten am Hadrianswalle ihr Lager hatten. Die Versammlung aller wehrhaften Genossen bildete bei den Germanen das Thing, die Volksversammlung, und so erklärt sich, dass der Kriegsgott auch Schirmer der Volksversammlung war und als solcher das Recht schützte. Altäre an jenem Grenzwall der Provinz Britannia legen davon Zeugnis ab. Sie waren dem Mars Thincsus und seinen beiden Begleiterinnen, den Alaisiagen Bede und Fimmelene, geweiht. Wer in diesen göttlichen Jungfrauen steckt, wissen wir nicht. – Unter den Namen Seaxnéat „Sachsengenoss" verehrten die Sachsen den Kriegsgott, der hier zugleich Stammesgott war. Daher findet er sich in den Ahnenreihen der angelsächsischen Könige, die seine Verehrung mit nach den britischen Inseln genommen hatten. Die Festlandsachsen mussten ihn vor allem neben Wôdan und Thunor abschwören, als Karl der Große sie unterworfen hatte. Bei den Schwaben spricht *Cistac = dies Martis* für alten Zîuglauben. Dagegen haben die oft ins Feld geführten *Cyuuari*, eine angebliche Bezeichnung der Alemannen, und das *Ciesburg* für Augsburg nichts mit dem Zîu zu tun, da beide Worte auf bloße Schreibfehler zurückgehen. Möglicherweise steckt auch in dem *regnator omnium deus* (Tacitus) der Elbsueben der Zîu. Bei ihnen war der älteste und edelste Stamm der der Semnonen. Sie waren die Schirmer eines heiligen Waldes, in dem sie Menschenopfer darbrachten und den niemand ohne Fesseln betreten durfte. Wer dort niederfiel, durfte sich nicht aufrichten, auf dem Boden musste er sich hinauswälzen. Denn hier, glaubten sie, wohne der alles beherrschende Gott, vor dem sie sich in tiefster Ehrfurcht beugten. Im Kampf mit den Chatten weihten diesem Gott, neben dem Wôdan, die Hermunduren vor Ausbruch der Entscheidungsschlacht die Gegner und erlangten dadurch den Sieg. Dem Zîu vor allem verdankten es die Tenkterer, das sich die abgefallenen Stammesbrüder am Rhein der germanischen Sache wieder zugewandt hatten.

Bei den Nordgermanen tritt Týr im Kult und Glauben zurück. Nach dem Zeugnis des Prokopius, wonach die Skandinavier im 6. Jahrhundert den Ἄρης als den höchsten Gott durch Menschenopfer verehrten, soll auch hier einst sein Kult bedeutender gewesen sein, aber weder aus Quellen noch aus Ortsnamen lässt sich dieses Zeugnis erhärten, so dass es fraglich ist, ob Týr in jenem Ἄρης steckt. Auch in der mythischen Dichtung spielt Týr keine Rolle. Dass er Kriegsgott ist, weiß auch die Edda, und von seiner Tapferkeit und Unerschrockenheit wusste man sich ein hübsches Märchen zu erzählen, das aller Wahrscheinlichkeit nach aus dem Keltischen stammt. Der Gott galt als einarmig. Seinen rechten Arm hatte er aber auf folgende Weise verloren: Als die Asen den Fenriswolf fesseln wollten, da ihnen nach Orakelspruch von den Kindern Lokis Unheil drohe, zerriss dieser im scheinbaren Spiel die Fesseln Lœding, dann Drómi und erst mit Gleipnir konnte er gebunden werden. Diese Fessel war von Zwergen gewunden und bestand aus dem Geräusch der Katze, dem Bart des Weibes, den Wurzeln des Berges, den Sehnen des Bären, dem Hauch des Fisches und dem Speichel des Vogels. Auf einsamer Insel sollte der Wolf auch an ihr seine Kraft erproben, obgleich sie nur wie ein Seidenband aussah. Aber dieser merkte die List der Asen und wollte nur unter der Bedingung auf das Spiel eingehen, dass einer seine Rechte zum Pfand in seinen Rachen lege. Und das tat allein Týr. Nun wurde der Fenriswolf gefesselt und tief unter der Erde in der Höhle Gjǫll angebunden. Alle Asen freuten sich ihrer List, nur Týr nicht, denn er verlor durch sie seine Rechte.

Heimdallr

Haben je bei unseren Vorfahren Lichterscheinungen Göttergestalten entstehen lassen, so ist eine solche Heimdallr. Schon sein Name spricht dafür, denn dieser bedeutet „Weltglanz". Kein Kult lässt sich von dieser Gottheit nachweisen, kein Ort erinnert an sie. Nur norwegische und isländische Dichter wissen von ihr zu erzählen. So liegt es nahe, in Heimdallr die mythische Ausgestaltung einer älteren Kultgottheit zu sehen. Seinem Wesen nach berührt er sich mit Baldr, da er wie dieser der lichteste der Götter ist. Mehrere Berührungspunkte hat er auch mit Frey. Sein Ross heißt Gulltoppr (mit „goldglänzendem Stirnhaar"), wie Freys Eber Gullinbursti („mit goldenen Borsten"). wie Freyr von Hliðskjálf aus die Welt überschaut, so wohnt Heimdallr auf den Himmelsbergen am Rand der Welt. Wie Freyr beim Götteruntergang durch sein eigenes Schwert umkommt, so auch Heimdallr im Kampf mit Loki. Die Hauptrolle spielt Heimdallr als Wächter der Götter. Von seinem Wohnsitz aus hält er Ausguck über die ganze Welt. Solche Wächter pflegten die Nordländer, pflegten die Germanen auf ihren Kriegszügen aufzustellen. Als solcher spielt er besonders im Ragnarökmythos eine Rolle: wenn die Riesen zum letzten großen Kampf heranrücken, dann bläst er in sein Horn, das Gjallarhorn, das sonst unter der Weltesche am Mimirsbrunnen verborgen liegt, und ruft die Asen zum Kampf. Niemand gleicht diesem Wächter: er bedarf weniger Schlaf als ein Vogel und sieht Tag und Nacht gleich gut hundert Meilen weit. Er hört jeden Laut, hört das Gras auf der Erde, die Wolle auf den Schafen wachsen. – Nach einem anderen Mythos ist Heimdallr der Sohn von neun Riesenmädchen, die ihn am Rand der Erde geboren haben. Erdkraft, eiskaltes Meer und Eberblut haben ihn genährt und ihm seine Kräfte gegeben. – Ein weiterer Mythos weiß zu berichten, wie er allmählich in Seehundgestalt am Brausestein, dem meerumwogten Klippeneiland, dem Loki das gestohlene Brisingenkleinod der Freyja wieder abringt. – Nach später Sage soll er auch der Vater der Stände sein. Unter dem Namen Rígr kehrt er dreimal bei den Menschen ein und erzeugt bei seiner ersten Einkehr mit Edda („Urgroßmutter") den Stammvater der Knechte, bei der zweiten mit Amma („Großmutter") den der freien Männer, bei der dritten mit Móðir („Mutter") den der Edelinge und Fürsten. Daher heißen die Menschen „Heimdalls Geschlechter".

Baldr

Der Etymologie seines Namens nach ist Baldr ein lichtes Wesen, denn das Wort gehört zum Stamm *bal* „licht, hell". Gleichwohl ist es bisher nicht gelungen, den Ursprung dieser Gottheit und die Mythen, die sich an sie knüpften, genügend aufzuklären. Die einen fassen ihn als urgermanischen Himmels- oder Sonnengott auf, andere finden in seinen Mythen nur mittelalterliche Christuslegenden in heidnischem Gewand, noch andere sehen in ihm einen heroisierten König, aus dessen Opferung die Mythe von seinem Tod entstanden ist oder lassen Kult und Mythos aus dem Orient stammen und in ziemlich früher Zeit nach dem germanischen Norden eingewandert sein.

Baldr begegnet nur in der nordischen mythologischen Dichtung, in der isländischen vermischt mit Zügen, die aus den frühmittelalterlichen Christus- oder Engelslegenden stammen, bei dem Dänen Saxo Grammaticus ganz in der Auffassungsweise des Euhemerismus in rein menschliche Sphäre gezogen. Nirgends, weder in Deutschland noch in England noch in Skandinavien, finden wir sichere Zeugnisse, die einen Baldr*kult* erschließen lassen, und das unsichere „Balderes volon" des Merseburger Zauberspruches reicht nicht aus, den Glauben an einen Gott Balder für Deutschland zu erweisen. Da nun ags. *bealdor*, an. *baldr* auch als Appellativum = Herr, Fürst begegnet, liegt es nahe, in dem nord. Baldr das Beiwort eines anderen germanischen Kultgottes anzunehmen und da sich dieser in der Mythe mehrfach mit Frey berührt, in ihm eine Zweiggestalt des Gemahls der mütterlichen Erde zu sehen.

Was wir über Baldr erfahren, sammelt sich fast nur um seinen Tod. Er heißt der glänzendste der Asen, hat Breiðablick d. i. Weitglanz zu seiner Wohnstätte, ist im nordischen Olymp Óðins Sohn, ist kriegerisch und milde zugleich und ein Liebling der Götter und Menschen.

Eingehender in der nordischen Mythologie wird nun Baldrs Tod behandelt, der die Einleitung zum Untergang der Götter bildet. Im Volksglauben ist der Mythos einfach gewesen: Die Götter stehen im Kampf mit den dämonischen Mächten. Ihr Geschick ist an das Leben Baldrs geknüpft. Diesem kann aber nur ein Ende gemacht werden durch einen Gegenstand (Mistel, Waffe), der sich in den Händen unterirdischer Gewalten befindet. Sein Gegner gewinnt ihn und bringt mit ihm Baldr die Todeswunde bei. Allein Baldr wird, wie es in jener Zeit des alten

Heidentums weit verbreiteter Volksglaube war in seinem Bruder wiedergeboren, und dieser vollführt nun die Rache am Mörder.

Bei Saxo begegnet die Sage von Baldrs Ende in einer doppelten Fassung. Nach der einen erblickt Baldr die Nanna, die Tochter des Königs Gevarus, im Bade. Er ist von ihrer Schönheit so entzückt, dass er in Abwesenheit ihres Geliebten Hotherus um sie wirbt. Allein das Mädchen weist ihn zurück. Infolgedessen kommt es zwischen Baldr, auf dessen Seite die Götter stehen, und Hotherus zum Kampf. In ihm schlägt Hotherus durch ein Zauberschwert, das er dem Zwerg Mimingus abgewonnen hat, Thór seinen Hammer aus der Hand und bringt dadurch die Götter zur Flucht. – In einer zweiten Sage, die Saxo mit dieser verbunden hat, handelt es sich um den Besitz von Dänemark, den Hotherus dem Baldr streitig machen will. Weder begegnen hier die Götter noch Nanna. Es kommt zwischen beiden zum Kampf, in dem Hotherus geschlagen wird und fliehen muss. Darauf zieht er sich in die Einsamkeit zurück. Hier erfährt er von Jungfrauen, dass Baldr seine ungewöhnliche Kraft durch eine Speise besitze. Wenn er diese erlangen könne, werde er ihn besiegen. Durch List gewinnt Hotherus die Speise und einen Kraft verleihenden Gürtel und besiegt und fällt nun Baldr in einem zweiten Kampf.

Anders ist die Baldrsage in der eddischen Dichtung. Auch hier ist ursprünglich sein Gegner Hǫðr (= Hotherus), der ihn fällt. Aber in der Snorra-Edda ist Loki an seine Stelle getreten und dadurch Hǫdr zum blinden Asen geworden, der nun als Werkzeug Lokis erscheint. Denn dieser gibt ihm die todbringende Waffe, den Mistelzweig, und lenkt sie nach seinem Opfer. Auch ist hier Nanna nicht die umworbene Jungfrau, sondern die Gattin Baldrs. Seinen Tod berichtet nach verschiedenen Quellen, zum Teil verquickt mit christlichen Zügen, die Snorra-Edda folgendermaßen:

Frigg hat nach schweren Träumen allen Wesen den Eid abgenommen, Baldr nicht zu schaden, und nun treiben die Asen mit ihm ihr Spiel: sie werfen und schießen nach dem Gott. Nichts schadet ihm. Das sieht der scheelsüchtige Loki. In Gestalt eines alten Weibes erfährt er von Frigg, dass der Mistelzweig allein von allen Dingen den Baldreid nicht geleistet habe. Sofort ist er geholt. Als Loki mit ihm kommt, sieht er den blinden Hǫðr untätig dastehen und veranlasst ihn, mit der Pflanze nach Baldr zu werfen. Kaum ist der Wurf getan, da fällt der Gott tot nieder. Alle Asen sind sprachlos. Als sie wieder zu sich gekommen sind und ihren Schmerz durch Tränen gestillt haben, verspricht Frigg dem ihre Liebe und Huld, welcher versuche, Baldr aus dem Reich der Hel auszulösen. Hermóðr, ein in die Götterwelt versetzter und zu Oðins Sohn gewordener Heros, unterzieht sich auf dem Ross Sleipnir seiner Aufgabe. Nach neun Nächten kommt er zum Totenfluss Gjǫll und zur Pforte der Unterwelt. Mit verwegenem Sprung setzt er über das Tor und gelangt dann zur Halle der Hel. Die Herrin des Totenreiches will den Gott herausgeben, wenn ihn alle Wesen und Dinge beweinen. Bevor Hermóðr wieder von dannen reitet, spricht er noch mit Baldr, der ihm für Oðin den Ring Draupnir mitgibt, und mit Nanna, die der Frigg ihr Kopftuch, der Fulla einen goldenen Ring sendet. Hermóðr kehrt heim. Alles beweint Baldr, nur das Riesenweib Thǫkk nicht, und so muss der Gott in der Unterwelt bleiben. – Ehe Hermóðr seinen Ritt begonnen, hat man nach nordischer Seekönigsweise Baldrs Leichnam auf das Schiff Hringhorni gebracht und ihm hier den Scheiterhaufen errichtet. Damals war Nanna vor Kummer das Herz gesprungen, so dass sie zugleich mit ihrem Gatten verbrannt wurde. In langem Zug folgen bei diesem Leichenbrand die Götter: Óðin mit den Raben und Walküren, Freyr auf seinem goldenen Eber, Heimdallr auf seinem Ross, Freyja mit ihrem Katzengespann. Thór weihte mit seinem Hammer den Scheiterhaufen.

War Loki zum Mörder Baldrs geworden, so musste auch an diesem die Rache vollzogen werden. Als sich der Schmerz der Asen gelegt hat, fahndet man nach dem Übeltäter, der sich als Fisch in einem Wasserfall aufhält, und als man ihn gefangen, da bindet man ihn an einem Stein fest. Hier liegt nun Loki bis zum Untergang der Götter. – Die ältere Mythe lässt natürlich die Rache an Hǫðr vollzogen werden. Danach gewinnt Óðin von der Rind einen Knaben, den die eddische Dichtung Váli, d. h. kleiner Vane, Saxo Bous nennt, und dieser rächt schon in frühester Jugend den Bruder.

Isländische Quellen kennen auch einen Sohn Baldrs und der Nanna: Forseti, d. h. Vorsitzer. Es wird von ihm erzählt, er sei der beste aller Richter und schlichte von seiner Burg Glitnir aus alle Streitsachen. Der Name dieses Gottes mag von den Nordfriesen nach Norwegen oder Island gekommen sein. Unter diesen genoss Fosete eine besondere Verehrung. Auf der Insel Helgoland, die nach ihm Fosetesland hieß, war der Mittelpunkt seines Kultes. Hier hatte er die friesischen Asegen das Recht gelehrt, hier wurden ihm an heiliger Quelle Menschenopfer gebracht. Durch ihren Verkehr mit den Friesen lernten die Nordgermanen diesen Gott des Rechts kennen und passten seinen Namen ihrer Sprache an. Erst junge Kombination hat ihn zu einem Sohn Baldrs gemacht.

Die Vanen Freyr und Njǫrðr

In Norddeutschland scheint auch der Mythos vom Vanenkrieg seine Wurzeln zu haben. Salin hat in seiner Altgermanischen Tierornamentik gezeigt, welche mächtige Kulturwelle zur Zeit der Völkerwanderung vom Gebiet der unteren Elbe nach Skandinavien gekommen ist, und mit ihr mag mancher bisher unbekannte Kult, manche Göttersage nach dem Norden gekommen sein. Isländische Quellen wissen von einem Kampf der Asen unter Óðin mit einem anderen Göttergeschlecht, das sie Vanir nennen, zu erzählen. Als die Götter endlich des Kampfes müde waren, berichtet Snorri, schlossen sie Frieden und Vertrag und die Vanen stellten Njǫrð und Frey, ihre trefflichsten Genossen, als Geiseln, während die Asen dagegen den Hoenir gaben und diesem den weisen Mimir beigesellten. Beim Friedensschluss bereiteten sie nach volkstümlicher Weise durch ihren Speichel den Friedenstrank Kvasir, den späteres Missverständnis zu einer weisen Person gemacht hat, und gingen die engste Verbindung ein. Von dieser Zeit an weilen Njǫðr und Freyr unter den Asen. Diese Erzählung vom Vanenkrieg ist der mythische Niederschlag eines Kultkampfes, der zwischen zwei Stämmen stattgefunden und mit der Verschmelzung des Óðin- und Vanenkultes geendet hat. Nun erzählt Paulus Diaconus, dass die Langobarden einst Viniler geheißen und erst nach dem Sieg über die Vandalen, den sie unter dem Beistand Wôdans erfochten, den Namen Langobarden angenommen hätten. Diese Langobarden aber, die schon Tacitus unter dem landläufigen Namen kennt, werden in der *Germania* unmittelbar vor den Nerthusvölkern genannt, müssen also deren Nachbarn gewesen sein. Es liegt nahe, dass die Viniler ursprünglich ein selbstständiger Stamm gewesen sind, der zwischen den Langobarden und den nördlicher wohnenden Nerthusvölkern saß und bei denen ebenfalls der Nerthuskult heimisch war.

Fast alle Naturvölker, die im Ackerbau ihre Haupttätigkeit finden, haben den Glauben an die mütterliche Erde und einen sie befruchtenden Gatten. Die Erdmutter Nerthus verehrten in gemeinsamen Kultverband nach Tacitus sieben Stämme im nördlichen Deutschland (s. S. 18), während in ähnlicher Weise die Schweden dem Gott der vegetabilen Fruchtbarkeit, den Adam von Bremen Fricco, die norwegischen und isländischen Quellen Freyr nennen, Opfer und Minne zollten. Dieser Gott der Fruchtbarkeit wurde in verschiedenen Gegenden Schwedens verehrt, vor allem in Uppsala, wo sein Bild *cum ingenti priapo*, dem Zeichen seiner Zeugungskraft, prangte.

Als dann von Norddeutschland der Nerthuskult über Norwegen nach Schweden kam, verschmolz dieser mit dem Freykult. Die weibliche Nerthus begegnet hier als Njǫrðr, während Frey eine Schwester Freyja sich gesellt. Das Verhältnis zwischen Frey und Njǫrðr wird nun so aufgefasst, dass dieser als Vater der beiden Geschwister erscheint, die er im Land, wo der Vanenkult herrschte mit seiner Schwester erzeugt habe. Alle drei Gottheiten berühren sich mehrfach, soweit wir aus isländischen Quellen von ihnen erfahren: einerseits Njǫrðr und Freyr, andererseits Freyr und Freyja.

Beide Götter, Vater und Sohn, spenden Reichtum. Beide werden nebeneinander beim Eidschwur angerufen. Beiden weiht man beim Opfergelage das Horn, um ein fruchtbares Jahr und Frieden zu erlangen. Daneben erscheint Njǫrðr an der norwegischen Küste als Gott, der über den Sturm herrscht, weshalb ihn Seefahrer um gute Fahrt anflehen. Zu Nóatún ("Schiffsstätte") am Meer ist seine Wohnung. Hier weilt er mit besonderer Vorliebe. Davon weiß ein altes Lied zu erzählen. Unter den Asen ist Skaði, die Tochter des Riesen Thiazi, seine Gemahlin geworden. Als nämlich einst die Asen den Riesen Thiazi, den Vater der Skaði, erschlagen hatten, heischt sie von den Göttern Sühne. Diese bestand u. a. darin, dass sie sich einen der Götter zum Gemahl nehmen solle, und dadurch trat sie in deren Kreis. Doch nur die Füße der Götter sollte sie bei ihrer Wahl schauen dürfen. Sie wählte sich den, der die kleinsten Füße hatte, in dem Wahn, es sei Baldr. Aber sie hatte sich getäuscht, und so erhielt sie Njǫrðr. Doch stellte sich zwischen beiden keine rechte Ehegemeinschaft ein. Skaði liebte die Berge und fand Freude an der Jagd und Schneeschuhlaufen, Njǫrðr dagegen die Brandung des Meeres. Schließlich einigt man sich, dass sie neun Nächte gemeinsam in þrymheim, dem Sitz von Skaðis Vater, und drei in Nóatún leben wollten. Aber schon nach dem ersten gemeinsamen Aufenthalt zieht jedes die liebe Heimstätte vor.

Freyr ist diejenige Gottheit, die nach Óðin und Thór in den nordischen Quellen im Kult und Mythos am häufigsten begegnet. Von Schweden aus kam sein Kult nach dem Drontheimer Gebiet, wo ihm zu Ehren heilige Rosse gehalten wurden, von Norwegen nahmen ihn Ansiedler mit nach Island, wo er sich namentlich im Nordosten der Insel einbürgerte. Die phallische Bedeutung des Gottes trat hier mehr in Hintergrund. Als Gott der Fruchtbarkeit herrscht er jetzt über Regen und Sonnenschein und spendet den Menschen Glück und Reichtum. Besonders mit Licht und Sonne ist er in engeren Zusammenhang gebracht. Uppsalir „die hochgelegenen Säle" sind seine Wohnstätte. Alfheim, das Land der Lichtelfen, gaben ihm die Götter als Zahngeschenk. Auf goldenem Eber in dessen Umgebung es nie dunkelt, pflegt er zu reiten. Deshalb brachte man zu Winteranfang ihm den schönsten Eber dar, den Herdeneber, auf dem man zugleich Gelübde ablegte, die man im folgenden Jahr auszuführen gedachte. Auch seine kriegerische Tüchtigkeit wird gerühmt. Treffliche Gegenstände sind in Freys Besitz: ein gutes Schwert, das von selbst kämpft, ein ausgezeichnetes Ross, vor allem aber das märchenhafte Schiff Skíðblaðnir, ein Kunstwerk der Zwerge, das sich wie ein Tuch zusammenschlagen und in die Tasche stecken lässt. Zahlreich sind die Orte, die an seinen Kult erinnern, in Schweden wie in Norwegen und auf Island, wo auch verschiedene Freystempel und Freyspriester begegnen. Auch Frauen pflegen seinen Kult. Auf dem Grab eines solchen Freysgoden, so berichtet eine Saga, soll im Winter nie Schnee liegen geblieben sein. Daran erkannten die Menschen, wie lieb der Gott seinen Verehrer gehabt hat.

Als Gott der Schweden leiten die schwedischen Könige, die Ynglingen, ihre Herkunft von ihm ab. An ihrem Stammsitz ist daher sein Haupheiligtum. Hier finden alle neun Jahre unter phallischen Riten und obszönen Handlungen die großen Opfer statt. Von hier aus fährt eine Priesterin sein Bild durch die Lande, und überall, wohin sie kommt, werden frohe Feste gefeiert.

Ein eddischer Dichter singt auch von der Liebe Freys zur schönen Gerð, ähnlich wie ein anderer nordischer Skalde von der Baldrs zur Nanna gesungen hat. Danach sitzt Freyr einst auf seinem Hochsitz und schaut im Reich der Riesen eine wunderschöne Jungfrau. Heiße Liebe zu dem Mädchen erfasst ihn und Schwermut legt sich auf seine Brust. Nach manchem vergeblichen Versuch gelingt es seinem steten Begleiter Skirnir, die Ursache des Harms zu erfahren, und dieser verspricht ihm, um das Mädchen zu werben, wenn ihm Freyr sein Ross und sein

Schwert leihe. Freyr willigt ein. Skirnir kommt nach verschiedenen Abenteuern zu Gerð. Weder die elf goldenen Äpfel, noch der Ring Draupnir, den Skirnir dem Mädchen verspricht, weder gute noch böse Worte können ihr die Zusage entlocken, bis endlich Skirnir mit dem schlimmsten Zauber droht: da verspricht das Mädchen, nach neun Nächten im Hain Barri mit Frey zusammenkommen zu wollen. – Wir haben in dieser Dichtung eine alte Kultmythe, die an den Ackerbau geknüpft ist. Gerðr ist die in der Gewalt der winterlichen Dämonen eingeschlossene Erde, woraus sie der leuchtende Skirnir befreit. Im Kornacker *(barri)* will sie mit Frey sich vereinen.

Weitere skandinavische Götter

Wie bei der Gesamtheit der Germanen hat auch bei den Nordgermanen kein einheitlicher Götterglaube und -kult geherrscht. Neue Zeiten haben neue Götter gebracht und diese haben alte oder lokale Gottheit aufgesogen. Ganz besonders hat das Óðin getan. In seinen Beinamen blicken noch die älteren Gottheiten durch. Daneben erinnern Namen von Orten, wo einst ihre Kultstätte gewesen ist, an diese verschollenen Götter. Die Quellen wissen nur wenig von ihnen zu berichten. Unter diesen hat jedenfalls in der Bronzezeit in großen Teilen der skandinavischen Halbinsel *Ullr* eine besondere Bedeutung gehabt. Noch bei Saxo erscheint Ollerus als Stellvertreter Óðins, da die Asen diesen wegen seines lasterhaften Lebens verbannt hatten. Nach Óðins Rückkehr lebte er als Zauberer in Schweden, wo er sich auf seinen Meerfahrten eines mit Zaubersprüchen versehenen Knochens bediente. Zahlreiche Ortsnamen sprechen für die Verbreitung seines Kultes in Schweden und Norwegen. Auch in eddischen Berichten begegnet er als Widerpart Óðins. Außerdem heißt es von ihm, er war ein guter Jäger und Schneeschuhläufer wie die winterliche Skaði, weshalb auch der Schneeschuh bei den Skalden Ulls Fahrzeug hieß. Ydalir „Eibental" war seine Wohnstätte, seine Mutter war Sif, und durch sie war er der Stiefsohn Thórs, der ihn in einigen Gegenden verdrängt zu haben scheint.

Neben Óðin als Gott der Dichtkunst nennen die Skalden den Dichterheros *Bragi* ihren Gott. Er ist der nach Valhǫll versetzte Skalde Bragi, der um die Mitte des neunten Jahrhunderts gelebt und zuerst in der kunstreichen Strophe des Dróttkvætt Fürsten besungen hat. Beim Dichter der Eiríksmál (935) und in den Hákonarmál finden wir diese apotheosierte Gestalt unter den Einherjern in Valhǫll als Óðins Ratgeber und Hauptskalden. Feigheit wirft ihm Loki beim Gelage der Asen vor. Andere Quellen kennen ihn als Gemahl der Iðun, der Göttin mit den verjüngenden Äpfeln. In allem erweist sich Bragi als eine vergöttlichte Gestalt, die nur in der späteren mythologischen Dichtung bestanden hat.

Im engeren Zusammenhang mit Óðin steht auch *Vidarr*. Er ist sein und der Riesin Grið Sohn und bestimmt, den Vater zu rächen, wenn diesen einst beim großen Kampf der Asen und ihrer Gegner der Fenriswolf getötet hat. Im niedrigen

Gestrüpp der Heide, der Ebene Viði, nach der er den Namen haben mag, ist sein Aufenthaltsort. Hier tummelt der schweigsame Ase sein Ross. Wenn aber der Fenriswolf seinen Vater verschlungen hat, dann eilt er herbei, tritt mit seinem mächtigen Schuh den Unterkiefer des Ungetüms nieder und reißt mit der Hand den Oberkiefer weit auf. So wird er zum Fäller des Wolfes. Darum überlebt er auch den Götteruntergang und herrscht in der neuen Welt gemeinsam mit Váli, dem Rächer Baldrs.

Die Göttinnen

So zahlreich auch die altgermanischen Göttinnen sind, über ihren Kult erfahren wir wenig und Mythen von ihnen sind selten. In den ersten Jahrhunderten germanischer Geschichte versagen die Quellen, und die nordische Wikingerzeit, die die Märchen und Legenden von den Göttern erhalten hat, war eine zu männliche, als dass sie die weiblichen Gottheiten besonders durch das Lied verherrlichte und im Kult verehrte. Das Ausführliche erfahren wir von Tacitus über den Kult der Nerthus (vgl. S. 18), der ganz in den Rahmen des Kultes der Vegetationsgottheiten fällt. Bei anderen Göttinnen, deren Tacitus gedenkt, ist es wegen der Dürftigkeit der Quelle fraglich, welche Verehrung sie genossen haben. So bei der Tanfana, der zu Ehren ein Völkerbund im Marsengebiet im Spätherbst das Opfergelage feierte, als Germanicus im Jahre 14 die Versammelten überfiel und das Heiligtum der Göttin vernichtete, oder bei jener Gottheit, die Tacitus mit der römischen Isis vergleicht, die ein Teil der Sueben in dem Symbol eines leichten Schiffes verehrte und die dadurch sich der in Nordwestdeutschland verehrten Nehalennia näherte. Auch die Inschriften der zahlreichen Votivsteine, die germanische Göttinnen unter germanischem oder römischem Namen überliefern, erweitern unsere Kenntnisse nicht. Es sind zum großen Teil die Lokalgottheiten, die germanische Krieger in römischem Sold verehrt haben, von denen kein Name bisher befriedigend erklärt worden ist. Ebenso wenig weiß man sicher, wer hinter der Sinthgunt des Merseburger Spruches steckt, wenn sich auch in ihr als Schwester der Sunna eine Mondgöttin vermuten lässt. Nur das Bild der Nehalennia, der am unteren Rheingebiet und auf den der Rheinmündung vorlagernden Inseln zahlreiche Denksteine gesetzt worden sind, lässt ahnen, dass sie eine Gottheit der Fruchtbarkeit, des Handels und der Schifffahrt zugleich war: zu ihrer Rechten sitzt der Hund, auf ihren Knien oder neben sich hat sie einen Korb mit Früchten, hier und da setzt sie ihren Fuß auf den Steven eines Schiffes oder stützt ihren Arm auf ein Ruder.

Der Kult all dieser Göttinnen ist, wenigstens unter den überlieferten Namen, örtlich beschränkt gewesen. Die einzige Göttin, deren Name sich bei fast allen germanischen Stämmen findet, ist die Frîja (ags. *Frig*, langob. *Frea*, an. *Frigg*). Ihrem Namen nach ist die Göttin „die Geliebte, die Gattin" schlechthin. Wo wir ihr begegnen, stets ist sie die Gattin Wôdans. Die Annahme, dass sie ursprünglich die Gemahlin des Himmelsgottes Tîwaz gewesen sei, entbehrt jeder Stütze. In allen germanischen Ländern kennt man die Sage, dass der Sturmdämon ein weibliches Wesen verfolgt. Auch von Wôdan muss man sie einst gekannt haben. Die Liebesabenteuer der nordischen Dichtung erinnern daran. Mit zunehmender Kultur und Steigerung der Wôdansverehrung wurde das verfolgte Mädchen die Braut und schließlich die Gattin des Gottes. Als solche ist sie der Typus einer germanischen Hausfrau. In der Sage vom Ursprung des Langobardennamens steht sie Wôdan ratend zur Seite, auf seinen Fahrten scheint sie ihn bisweilen zu begleiten. Mit dem buhlerischen Wesen des Winddämons hängt es zusammen, dass man sie auch für eine Göttin der Liebe hielt, weshalb sie der *Venus amatoria* gleichgestellt und der römische *Dies Veneris* mit Frîjatac (Freitag) wiedergegeben wurde. Wie Wôdan fuhr auch sie durch die Lüfte und ganz besonders in der Zeit, da die Toten ihr Wesen trieben, während der Zwölfnächte. Römische Totenführerinnen, wie Diana, Herodias, Abundia, treten im christlichen Mittelalter öfter an ihre Stelle. Ob die volkstümlichen Gestalten der Neuzeit, wie Frau Holle oder die Frau Harke in der Mark, Frau Gode im Lüneburgischen, Frie, Fricke oder Freen in Pommern und im Harzgebiet, auf sie zurückgehen, ist sehr fraglich. Wohl aber mögen sie ähnlichen Vorstellungen entsprossen sein wie in heidnischer Zeit die Frîja.

In der eddischen Dichtung tritt Frigg nur als Gemahlin Óðins und demnach als Göttermutter hervor. Ohne Zweifel hat sie einen Teil ihrer Verehrung an Freyja abgetreten, mit der sie sich vielfach berührt. Vieles hat sie mit Óðin gemein. Mit ihm beratschlagt sie und schaut mit ihm von Hliðskjálf herab. An ihr Verhältnis zum chthonischen Óðin erinnert ihre Wohnstätte Fensalir, die Sumpfsäle, wo sie über die in den Sumpf Versenkten herrscht wie Óðin über die Schlachtentoten im Berg. Wie ihrem Gatten sind auch ihr die zukünftigen Dinge bekannt. Sie spendet auch Eheglück und Kindersegen. so ist in der Völsungensaga das weit verbreitete Märchen vom Apfel der Fruchtbarkeit an sie geknüpft. Auf ihre Bitte hin sandte sie der Gattin Rerirs einen Apfel, durch den diese Mutter Völsungs, des Ahnherrn des Völsungengeschlechtes, wurde. – Der Frigg zur Seite steht Fulla, die der Merseburger Zauberspruch als ihre Schwester kennt, die im Norden aber mehr Dienerin und Genossin der Göttermutter ist, alle Geheimnisse ihrer Herrin weiß und deren Wünsche den Menschen überbringt. Ein anderer Sendbote der Frigg ist die Gná, die auf ihrem Ross Hófvarpnir durch Luft und über Meere schwebt.

Ungleich häufiger als die Frigg begegnet in der isländischen Dichtung die Freyja, die Tochter Njọrðs, die Schwester Freys. Wie Vater und Bruder ist sie Vanin, daher heißt sie Vanenweib, Vanengöttin. Ihr Name bedeutet Herrin und mag erst aus dem ihres Bruders entstanden sein. In ihrem Wesen, in den Dingen, die ihr beigegeben werden, berührt sie sich bald mit Frey, bald mit der Frigg. Wie ihr Bruder reitet auch sie auf einem Eber wie dieser spendet auch sie Sonnenschein und Fruchtbarkeit. Ihre Verschmelzung mit Frigg zeigt sich darin, dass sie wiederholt als Óðins Weib erscheint, dass sie wie jene die Zukunft kennt und mit Óðin die Kunst des Zauberns übt. Mit Óðin teilt sie ferner die Toten. In Folkvang, d. h. Volksgefilde, nimmt sie sie auf. Hier ist Sessrúmnir „der an Sitzen Reiche" ihr Saal. Auch in dem Mythos von Óð scheint sie an Stelle der Frigg getreten zu sein. Als dieser ihr Geliebter (d. i. Óðin) fort gegangen war, da weinte ihm Freyja goldene Tränen nach und suchte ihn allerorten. – Neben dem Eber besitzt Freyja nach anderem Mythos ein Katzenpaar, das sie durch die Lüfte führt. Infolge ihrer Proteusnatur kann sie sich jederzeit in einen Falken verwandeln. Das Falkengewand ist ein ihr charakteristischer Besitz, den sie leihweise auch anderen Göttern abtritt. Ganz besonders zeichnet sich Freyja durch ihre Schönheit aus, weshalb sie auch Mardǫll, d. h. Meerglanz, heißt. Wegen ihrer Schönheit suchen die Riesen sie in ihre Gewalt zu bekommen: der Baumeister von Ásgard verlangt sie zum Lohn für seine Arbeit, ebenso der Riese Thrymr, als er Thórs Hammer herausgeben soll, Hrungnir, als er Loki freigegeben hatte. Sie ist auch die Liebesgöttin der eddischen Dichtung, die man anruft, um jemandes Liebe zu erlangen. Sie weiß ihrer Schönheit durch äußeren Schmuck höheren Glanz zu verleihen. so besitzt sie das herrliche Brisingamen, „das funkelnde Kleinod", einen prächtigen Halsschmuck, den ihr vier Zwerge geschmiedet haben. Nach ihm heißt sie Menglǫð „die Halsbandfrohe". Hnoß und Gersimi „Schmuck und Kleinod" sind infolgedessen ihre Töchter. Ob mit der Schmucksucht auch andere poetische Bezeichnungen der Göttin, die sie sich auf ihrer Suche nach Óð beigelegt haben soll (Gefn, Hǫrn, Skjálf, Sýr, Thrungva) zusammenhängen, lässt sich nach den dunklen Worten nicht bestimmen.

Nur in ihrem Beiwort Gefn begegnet sich die Freyja mit der Gefion. Diese erweist sich schon durch ihren Namen als die Spendende. Sie ist eine Göttin der Fruchtbarkeit des Feldes, die besonders auf Seeland verehrt wurde, wo beim Jahresbeginn ihr zu Ehren der rituelle Pfluggang stattfand. Aus diesem Ritus erwuchs der Kultmythos vom Ursprung Seelands. Danach hatte einst Gefjon vom König Gylfi so viel Land erhalten, als sie mit vier Ochsen, ihren und ihres Riesen Söhnen, an einem Tag umpflügen konnte. So hat sie ein mächtiges Stück Land ausgeschnitten, an dessen Stelle der Sund getreten und wodurch Seeland zur Insel geworden ist. Nach jüngerer Darstellung soll durch das ausgepflügte Land der Mälarsee entstanden sein.

Wie zwischen Freyja und Frigg lässt sich auch zwischen diesen Göttinnen und Nerthus keine feste Scheidewand ziehen. Überall Berührungspunkte, überall fließen die Gestalten zusammen. Daher lässt sich auch nicht bestimmt sagen, *ob* Gestalten wie Hlóðyn, die als Hludana auch in südgermanischen Inschriften begegnet, oder Jǫrð, d. i. die Erde, oder Fjǫrgyn, die alle als Mütter Thórs erscheinen und deshalb sicher dieselbe Göttin bezeichnen, Hypostasen dieser oder jener Gottheit sind. Dasselbe gilt von der isländisch-norwegischen Iðun, die die

Hüterin der Jugend bewahrenden Äpfel sein soll und die man zur Gemahlin des alten Bragi gemacht hat (s. S. 74).

Andere Göttinnen begegnen nur in ihrem Verhältnis zum Gatten, wie Sif, Thórs Frau, oder Nanna, die Baldrs, Skaði, die Njǫrðs. Noch andere sind Personifikationen von Eigenschaften und Handlungen, wohl im Kreis der Skalden entstanden, die sie mit besonderer Vorliebe zur Bildung von Umschreibungen für „Weib" gebrauchen. Hierher gehören Eir, die Ärztin unter den Asen, Bǫr, die Schirmerin der Verträge, Vár, die Schützerin der Eide, Syn, die Hüterin des Hausfriedens, Hlín, die Schutzgöttin vor Gefahren, die Liebevermittlerin Sjǫfn, Lofn, die Mann und Frau miteinander verbindet, Snotra, die Personifikation weibliche Klugheit. Durch ihre Weisheit tut sich Sága hervor, mit der Óðin alltäglich in Sökkvabekk („Sinkebach") aus goldenen Gefäßen Weisheit trinkt.

Die nordischen Mythen vom Anfang, von der Einrichtung und dem Ende der Welt

Eine Kosmogonie und Eschatologie der Germanen kennen wir nur aus der isländischen Dichtung und der Snorra-Edda. Von einer natürlichen Fantasie ist dabei wenig zu spüren, fast überall trägt die Dichtung einen spekulativen Charakter. Am Ende der Erde, wo das Meer aufhört, dachten sich noch in später Zeit die Norweger und Isländer einen ungeheuren Schlund, aus dem das Meer hervorsprudele und sich über die Erde ergieße. Diesen Schlund nannten sie Ginnungagap „klaffende Gähnung". Nördlich davon war es eisig kalt. Da war Niflheimr, die Nebelwelt. Hier lag der Brunnen Hvergelmir, aus dem zwölf Eisströme hervorquollen die sich nach Ginnungagap ergossen. Im Süden des Schlundes lag Múspellsheimr „die Feuerwelt". Auch von hier entquollen Ströme, die giftige Flüssigkeit mit sich führten. Das sind die Élivágar. Als diese sich mit den Eisströmen mischten, da bildete sich neben dem Eis in Ginnungagap Reif, und aus diesem Zusammenwirken von Kälte und Wärme entstand das erste Wesen, der Urriese Ymir oder Aurgelmir. Als dieser dann schlief, geriet er in Schweiß, und bald wuchsen ihm unter dem Arm Mann und Weib, neue Wesen, neben ihm die ältesten Riesen. Zugleich entstand auch aus dem schmelzenden Reif die Kuh Auðumla („die reiche Hornlose"), aus deren Eutern Milchströme rannen, die dem Riesen Nahrung gaben. Die Kuh selbst nährte sich von dem Salz der Reifsteine in Ginnungagap. Wie sie aber so die Steine beleckt, kommt Leben in diese und es entsteht ein neues Lebewesen namens Buri (der Erzeuger), dessen Sohn Borr die Riesentochter Bestla zur Frau nahm. Ihre Kinder sind Óðin, Vili und Vé. Diese töteten den Urriesen Ymir, und sein Blut füllte ganz Ginnungagap, so dass alle Riesen ertrinken mussten. Nur einer, Bergelmir, rettet sich auf schwankendem Boot und wird so der Stammvater des neuen Riesengeschlechtes. Darauf heben Bors Söhne den toten Körper aus den Fluten und schaffen aus ihm die neue Welt, die Erde Miðgarð. Diese Bezeichnung für den Sitz der Menschen haben alle germanischen Stämme (got. *midjungards*, ahd. *mittilgard*, ags. *middangeard*), es ist das Heim der Mitte. Die Gegensätze sind im Norden Niflheimr, im Süden Múspellsheimr. Wie bei anderen Völkern aus dem Makrokosmos der Mensch, so wurden bei den Nordgermanen aus dem Mikrokosmos dem Körper des Urriesen, die einzelnen Teile der Welt geschaffen: aus dem Fleisch die Erde, aus dem Blut die Gewässer, aus den Knochen das Gestein, aus den Haaren die Wälder, aus dem Schädel der Himmel, aus dem Gehirn die Wolken. Aus den Maden in seinem Fleisch aber entstand das kluge Geschlecht der Zwerge, von denen vier, Personifikationen der Himmelsgegenden (Austri, Suðri, Vestri, Norðri), das Himmelsgewölbe stützen. Noch musste der Erde vegetatives Leben zugeführt werde. Da nahmen Bors Söhne Funken aus Múspellsheim, die unstet umher flogen, und setzten sie an den Himmel. So entstanden Sonne, Mond und Sterne. Jene schien auf die weiten Flächen, und bald spross das erste Grün.

So hatten Bors Söhne die Welt geschaffen. Ohne dass man erfährt, woher sie kamen, tauchen auf einmal die Götter in ihrer Gesamtheit auf, beschäftigt mit der Einrichtung auf der Erde. Auf dem Iðavǫll, dem Feld der Arbeit, legen sie die ersten Schmiedestätten an, bearbeiten Eisen und Gold, bauen Altäre und Tempel und geben sich dann frohem Lebensgenuss und dem Brettspiel hin, bis durch das Erscheinen dreier Riesenmädchen, der Nornen, der erste Kampf in die Welt kommt.

Mit dieser Schöpfung der Welt parallel läuft der Mythos von der Schöpfung des Menschen. Einst gingen die drei Götter Óðin, Hoenir und Lóðurr, so berichtete die Vǫluspá, am Meeresstrand. Da stießen sie auf zwei Bäume, Ask und Embla, und beschlossen, diesen Leben zu geben. Óðin gab ihnen die Seele, Hoenir den Geist, Lóðurr Lebenswärme und blühende Farbe. Aus dem alten, bei vielen Naturvölkern bekannten Zusammenhang zwischen Baum und Mensch ist diese mythisch-theologische Legende entstanden.

Anders berichtet Tacitus den Ursprung der Menschheit. Nach ihm ist ihr Stammvater der erdentsprossene Tuisto, der aller Wahrscheinlichkeit nach wie Ymir zwiegeschlechtig war, was sein Name („Zwitter") andeutet. Sein Sohn ist Mannus, der denkende Mensch, und auf dessen Söhne führen die drei Hauptgruppen der Germanen, die Ingävonen, Herminonen und Istävonen, ihren Ursprung zurück.

Wie sich spekulativer Geist bei der ganzen Kosmogonie zeigt, so auch bei der weiteren, zum Teil nur skaldischen Ausbildung der Welt. Volkstümlich ist der Glaube, dass eine mächtige Schlange, der Miðgarðsormr oder Jǫrmungandr, die ganze Erde umspanne. Wie die Menschen Miðgarð, so haben auch die mythischen Wesen ihr Heim. Die Asen wohnen in Ásgarð, die Alfen in Alfheim, die Riesen in Jǫtunheim oder Útgarð, das hoch im Norden liegt und sich infolgedessen vielfach mit Niflheim berührt. Ein mächtiger Eisenwald, der Aufenthaltsort von Völven und anderen dämonischen Mächten, trennt Miðgarð von Jǫtunheim. Alle diese Reiche sind von mächtigen Flüssen umgeben. Wachsame Hähne bewachen ihre Pforten. – Undeutlich sind die Vorstellungen über die Lage von Ásgarð. Erst in später Zeit scheint man diesen Göttersitz an den Himmel verlegt zu haben, wohin dann die Brücke Bifrǫst „die bebende Rast" führt. Auch den einzelnen Göttern werden besondere Wohnstätten zugeschrieben (s. S. 59, 74 usw.)

In der Dichtung sind ferner die Jahres- und Tageszeiten personifiziert. Vindsvalr („Windkalt") heißt der Vater des Winters, Svásuðr („der Milde") der des Sommers, Dellingr hat den Tag, Narfi die Nacht erzeugt. Auf Skínfaxi („Leuchtmähne") reitet der schimmernde Tag über die Menschen dahin, auf Hrímfaxi („Reifmähne") die dunkle Nacht.

Auch von einem Weltenbaum berichtet die eddische Dichtung: es ist die Esche Yggdrasil, d. h. Ross Yggs (= Óðins). Nach Mannhardts Forschungen wissen wir, welche Rolle der Baum und der Baumkultus bei den Germanen gespielt haben. Der Baum war beseelt wie der Mensch. In ihm wähnte man den Leiter des Geschickes einzelner Menschen, ganzer Familien. Baumfrevler wurden mit den grausamsten Strafen belegt, denn sie hatten eine Baumseele vernichtet oder gekränkt. Zugleich galt der Baum als Verkörperung alles vegetativen Lebens. Nach der Erzählung Adams von Bremen stand in dem heutigen Uppsala ein Riesenbaum, der im Sommer und Winter grün war und der seine Äste weithin verbreitete. Er galt den Umwohnern als heilig, und an der Quelle, die sich in seiner Nähe befand, wurden Menschenopfer dargebracht. Dieses oder ähnliches Vorbild hat den Mythos von einem mächtigen Weltenbaum entstehen lassen, dessen Geäst in Wolken und Himmel rage und der ewig grün über der Erde stehe. In seinen Zweigen, glaubte man, weide Óðins Ross, und nach diesem gab man dem Baum seinen Namen. Bald werden dem Baum neun Wurzeln zugeschrieben, die sich unter der Erde befinden und in deren Nähe der Brunnen Mimirs ist, bald drei, von denen die eine im alten Niflheim, d. h. im Reich der Hel, die andere in dem der Reifriese, die dritte bei den Asen sein soll. An jeder dieser drei Wurzeln ist auch ein Brunnen. An der ersten der Brunnen Hvergelmir, an der zweiten der Mimirsbrunnen, wo auch Heimdalls Gjallarhorn liegen soll, an der dritten der Urðbrunnen, wo die Richtstätte der Asen ist und wo die Schicksalsgöttinnen den Weltenbaum mit weißem Nass begießen und dadurch erhalten. Ein weiterer Mythos verlegt den Richtplatz der Asen an den Stamm des Baumes, wohin sie täglich zu gemeinsamer Beratung geritten kommen. Nach eddischer Dichtung wirken dämonische Mächte an der Vernichtung des Baumes. An den Wurzeln nagt Gewürm, in den Zweigen fressen vier Hirsche die jungen Triebe ab. Ein anderer Mythos lässt im Gezweig Yggdrasils einen Adler und zwischen seinen Augen den weit spähenden Habicht Beðrfǫlnir sitzen, durch den die Asen Kunde erhalten von den Vorgängen auf der Welt. Diese hört das Eichhörnchen Ratatoskr („Nagezahn") und bringt sie zum Drachen Níðhǫgg, der an der Wurzel nagt. Der Weltenbaum begegnet auch unter dem Namen Mimameiðr „Mimirsbaum", den er dem an seiner Wurzel befindlichen Mimirsbrunnen verdankt. Er selbst oder ein Teil desselben ist auch Læráðr („Schutzspender"), dessen Zweige Valhǫll beschatten und in dem die Ziege Heiðrun wohnt, deren Milch die Einherjer nährt.

Die Mythen vom Untergang der Welt und von ihrer Erneuerung hat in den letzten Jahren des Heidentums ein isländischer Dichter in einem der großartigsten Gedichte der Vǫluspá, poetisch behandelt. Er verwertete dabei teils volkstümliche Mythen, teils Wandermotive wie das vom gefesselten Unhold, teils Glaubensvorstellungen, die durch den Verkehr der Isländer mit Christen und den Bewohnern der britischen Inseln entstanden waren. Zwei Mythen vom Weltuntergang kannte das Volk. Nach der einen, die im nördlichen Norwegen ihre Heimat haben mag, glaubte man, dass die Erde einst erstarren werde und dass dadurch alle Lebewesen untergehen würden. Nach der anderen, die am Gestade des großen Weltmeeres zu Hause ist, nahm man an, die Erde werde einst im Meer versinken. Mit der Welt mussten die Menschen, mussten die Götter untergehen. Dämonische Mächte konnten nur diesen Untergang bewirkt haben. Der Sonnenwolf hatte die leuchtende Himmelsbraut ereilt und verschlungen. Ein langer Winter („Fimbulvetr") trat ein, und alle Lebewesen erstarrten. Nur im Hain Hoddmimir hatten sich Lifthrasir und Lif, poetische Personifikationen der Lebenssehnsucht und des Lebens, erhalten und wurden die Stammeltern eines neuen Geschlechts. Auch die Sonne hatte schon vor ihrer Vernichtung eine Tochter, Alfrǫðul („Glanzstrahl"), geboren, die nun die Bahn der Mutter geht und die Welt zu neuem Leben ruft.

Der Untergang der Götter, die Ragnarök, ist mit einem großen Kampf der alten Kultgötter gegen die dämonischen Mächte verbunden. Seit Thór durch sein Dreinschlagen die Verträge mit den Riesen zunichte gemacht und dadurch Schuld auf die Götter geladen hat, ist deren Schicksal und Untergang besiegelt. Allerhand Anzeichen, das Erscheinen der Walküren, der Tod Baldrs, Sittenverderbnis unter den Menschen, gehen dem letzten großen Kampf voraus, der zwischen den Göttern und den dämonischen Mächten stattfindet. Der Riese Eggthér mit dem Hahn Fjalar ist bei den Riesen auf der Wacht, Heimdallr neben dem Hahn Gullinkambi bei den Asen. Die ersten Vorzeichen des Kampfes machen sich bemerkbar: der Fenriswolf, der laut brüllende Garmr, zerreißt seine Fesseln, die Wellenberge steigen, die Weltesche Yggdrasil gerät an der Wurzel in Brand, Mimirs Söhne versuchen das Gjallarhorn zu blasen. Da hört es Heimdallr, nimmt es, bläst laut hinein und ruft dadurch zum Kampf. Nun macht sich Óðin auf, um bei Mimirs Haupt sich Rat zu holen.

Die feindlichen Mächte ziehen heran: von Nordosten kommt Hrymr mit den Reifriesen, die Miðgarðsschlange schlägt die Wogen, das Totenschiff Naglfar wird flott. Von Südosten zu Schiff kommen Múspels Söhne und mit ihnen Loki und die chthonischen Dämonen. Nach ihrer Vereinigung ziehen sie unter Surts Führung nordwärts. Auf ihrem Zug stürzen die Berge, die Riesenweiber setzen sich mit in Bewegung, die Menschen sterben und der Himmel spaltet sich. Unterdessen sind auch die Götter herangezogen. Auf der Ebene Vígríð findet der große Kampf statt. Ódin fällt gegen den Fenriswolf, wird aber gleich darauf von seinem Sohn Víðar gerächt. Thór tötet die Miðgarðsschlange. Von ihrem Gifthauch getroffen, sinkt er aber selbst tot zu Boden. Freyr fällt durch das Schwert Surt. Alsdann wirft Surt den Feuerbrand in die Wohnungen der Götter und vernichtet so diese. Jetzt versinkt die Erde in den Fluten. Aber sie taucht von neuem empor, und auf der neuen Erde finden sich in ihren Söhnen die alten Götter wieder: Baldr und Hǫðr, Víðarr und Váli, Móði und Magni bewohnen die Behausungen der alten Asen. Sie treffen sich, wie einst die alten Götter, auf Iðavǫll und erzählen sich hier von den Großtaten der Väter. Im goldenen Saal Gimlé lebt mit ihnen ein neues Geschlecht, das jetzt lauteres Glück genießt. – Zeigt sich schon in dieser Darstellung der verjüngten Welt christlicher Einfluss, so tritt er am Schluss des Gedichtes noch klarer zutage: danach kommt von oben der gewaltige Herrscher zum höchsten Gericht, und nun ist auch die Macht des leichenfressenden Níðhǫgg, jenes Unholdes in Drachengestalt, dahin.

Götterkult

Priester und Priesterinnen

Zauber und Weissagung lagen bei den Germanen meist in den Händen der Frauen. Nur das Loswerfen und die Beobachtung der Vorzeichen war Sache der Männer. Es war aus dem älteren Ritus in die weiter entwickelte Gottesverehrung mit herüber genommen worden. Daher hatte auch der Stellvertreter der Gottheit auf Erden, der König oder Priester, über das öffentliche Loswerfen zu wachen und die Beobachtung der Vorzeichen im Dienst der Allgemeinheit vorzunehmen. Daneben fällt ihm die Aufgabe zu, Oberfeste und Dingversammlungen zu eröffnen und die Gottheit an ihnen zu vertreten. So steht der Priester im staatlichen Leben bei den Germanen an der Spitze der Genossenschaft und hat in mancher Beziehung größere Gewalt als der Leiter weltlicher Dinge.

Einen abgeschlossenen Priesterstand wie die Gallier in ihren Druiden kannten die Germanen nicht. Bei verschiedenen Stämmen, namentlich bei den Nord- und Ostgermanen, war der König zugleich Priester und musste dementsprechend für seinen Stamm die priesterlichen Funktionen vornehmen. Bei diesen Stämmen galt der Priesterkönig oft noch als Inkarnation der Gottheit auf Erden. Daher heißt er bei den Goten *gudja*, bei den Nordgermanen *goði*. Als solcher ist er für alles Unheil, das höhere Mächte schicken, namentlich für Misswuchs und Kriegsunglück, der Allgemeinheit gegenüber verantwortlich und wird, wenn seine Opfer ohne Erfolg sind, selbst geopfert, damit sich die Gottheit in seinem Nachfolger verjünge. Wo der Priester dagegen von dem König getrennt ist, steht er in dieser Beziehung über dem König: er kann, wie es von den Burgunden berichtet wird, weder seines Amtes entsetzt noch getötet werden. In diesen Fällen wird der Priester von dem Volk aus angesehenem Geschlecht auf Lebenszeit gewählt. Seinen Anordnungen hat auch der König Folge zu leisten, ganz besonders, wenn jener Menschen oder Tiere oder Sachen zum Opfer fordert. Als Vertreter der Gottheit hat der Priester vor allem das Opfer zu leiten, dem Opferschmaus vorzustehen und vielleicht auch zuerst die Minne des Gottes zu trinken, zu dessen Ehren das Opfer stattfindet. Wo Götterbilder und Göttersymbole bestanden, waren diese, wie der Wagen Nerthus, unter seinem Schutz. Als dann besondere Götterhäuser, Tempel, gebaut wurden, hatte der Priester auch für diese zu sorgen. Danach heißt er bei den Isländern *hofgoði* „Tempelpriester". Zur Unterhaltung dieser Gebäude erhält er von den Gaugenossen eine gewisse Abgabe, die Tempelsteuer *(hoftoll)*. Hierdurch erlangte er bald auch weltliche Macht über die Mitglieder des Tempelverbandes, und so wurde auf Island der Priester in historischer Zeit zum weltlichen Häuptling, zum *hofðingi* oder *fyrirmaðr*.

Als Walter des Gottesdienstes greift der Priester auch in das staatliche Leben der Germanen ein, denn wie bei anderen Völkern hängen auch bei unseren Vorfahren Religion und Staatsleben aufs engste zusammen. Unter dem Schutz der Gottheit sind die Gesetze entstanden, der Priester hat sie zu schirmen und bei einigen Stämmen vorzutragen. Daher heißt er bei den Westgermanen Gesetzschirmer (ahd. *êwarto*) oder Gesetzsprecher (ahd. *êsago*, fries. *âsega*). In dieser Eigenschaft hat er die Volksversammlungen zu eröffnen und während dieser auf Ordnung zu sehen. Auch entehrende Strafen, Fesselung oder Schläge zu vollziehen, sind ihm allein erlaubt, denn durch ihn straft die Gottheit, wie Tacitus berichtet.

Frauen in amtlicher Tätigkeit als Priesterinnen konnten die Germanen schon deshalb nicht haben, weil das Amt des Priesters ins Rechtsleben eingriff und die Frauen von diesem ganz ausgeschlossen waren. Wenn daher hier und da, wie z. B. bei den Cimbern, von den Schriftstellern der Alten Priesterinnen erwähnt werden, so sind unter diesen nur weise Frauen zu verstehen, auf deren Zauberkraft und prophetische Gabe man besonderen Wert legte, wie die Veleda aus dem Stamm der Brukterer oder die semnonische Ganna u. a. Nur bei den Nordgermanen begegnen uns in spätheidnischer Zeit Priesterinnen *(gyðjur)*, die den Tempel zu schützen haben und an die die Tempelsteuer zu entrichten ist. Dieser Wandel erklärt sich daraus, dass die isländischen Tempel durchweg Privateigentum waren und demnach auch wie dieses auf Frauen übergehen konnten. Aber auch in diesem Fall lag nur die sakrale Tätigkeit in den Händen der Frau, nicht auch irgendwelche weltliche Gewalt wie bei den Goden. Dagegen ist jenes Weib, welches den schwedischen Fricco durch die Lande begleitete, nicht eine eigentliche Priesterin, sondern die Begleiterin des Gottes, sein Weib, ohne das man sich eine phallische Gottheit nicht denken konnte. So findet man solche weiblichen Gestalten fast nur im Dienst des Frey. Auch sie begegnen als *gyðjur*.

Opfer und Gebet

Um den Groll höherer Gewalten in der Natur zu sühnen und um ihren Beistand zu erlangen, bedienten sich auch die Germanen, wie alle anderen Völker, des *Opfers*. Leider ist in unserer Sprache die altgermanische Bezeichnung für diesen so wichtigen Götterkult geschwunden. Unser „Opfer" kommt von einem ahd. Verbum *opfarôn*, und dies geht aller Wahrscheinlichkeit nach auf ein spätlateinisches *opferre* „darbieten" zurück, das sich in seiner nicht assimilierten Form häufig bei den Kirchenvätern findet. Die germanische Bezeichnung für diese Handlung war ahd. *pluozan*, ags. *blôtan*, an. *blóta*, der Gegenstand des Opfers aber ahd. *kelt*, ags. *gild*, an. *gjald* „Geld" = Spende, verpflichtete Gabe. Diese Handlung begriff zugleich das Gebet in sich, denn ein Gebet in unserer Auffassung des Wortes, eine einfache Bitte an die Gottheit, kannten die Germanen nicht. Diese war stets nur eine Begleithandlung der Opferspende oder enthielt wenigstens das Versprechen einer solchen. Letzteres geschah vor allem vor Kämpfen und größeren Unternehmen. Wiederholt bezeugen nordische Quellen, wie Könige vor Beginn der Schlacht Óðin anrufen und ihm die Feinde weihen, wenn er ihnen den Sieg verleihe. So verspricht Haraldr Hilditann vor der Bravallaschlacht alle seine Gegner Óðin, wenn er ihm den Sieg schenke, so weiht König Eirikr von Schweden sich selbst dem Gott, wenn er siegreich aus dem Kampf mit seinem Neffen hervorgehe. Der Araber Ibn Fadhlan, der die Nordgermanen in Südrussland kennengelernt und beobachtet hat, erzählt, wie diese vor den Götterbildern niederfallen und ihre Gottheiten um reichen Handelserfolg bitten, indem sie zugleich Geschenke an den hölzernen Statuen niederlegen. So kommt der Germane zu seinen Göttern nie mit leeren Händen. Die Ehrfurcht, die er bei solcher Bitte vor den höheren Wesen hat, bezeugt er bald durch Niederknien und Erheben der Hände, bald durch Verhüllen des Antlitzes, bald durch Entblößung seines Körpers.

Das Opfer wird entweder von einzelnen Personen dargebracht oder von einem größeren Verband, der Gemeinde, den Mitgliedern eines Gaues, eines Stammes. Nur die allgemeinen Opfer haben eine staatsrechtliche Bedeutung. Die Privatopfer sind mannigfacher Art und enthalten die untersten Schichten heidnischen Opferbrauches: man gab, was man in reichem Maß wünschte, oder spendete den Toten, um diese geneigt zu machen. Denn der Grundsatz beim germanischen Opfer war: „Ich gebe, damit du wieder gibst." Die Stätte solchen Kultes war natürlich nicht an einen besonderen Ort gebunden. In der Nähe des Hauses, da man wohnte, oder in diesem selbst, wurde die Spende dargebracht. Geschah dies für die Familie, so tat es deren Haupt, der Familienvater.

Diese Privatopfer leben vielfach in Sitte und Brauch noch bis zur Gegenwart fort. Neben ihnen standen die öffentlichen Opfer, die im Gemeinde- oder Staatsverband stattfanden. Sie nur leitete der Priester, mit ihnen allein sind größere Versammlungen an bestimmtem Ort, Festschmäuse, Umfahrten u. dgl. verknüpft. Meist auch die Volksversammlungen, und wie diese sind auch die öffentlichen Opfer entweder gebotene oder ungebotene. Jene fanden bei unvorhergesehenen Ereignissen statt, wenn ein Krieg drohte oder Krankheiten, Hungersnot, Misswuchs das Land heimsuchten, oder nach erlangtem Sieg, diese zu festgesetzten Zeiten während des Jahres. Bei den einen wie bei den anderen hatte der Priester bzw. der König die Leitung, doch waren wohl bei den gebotenen Opfern die Festlichkeiten der ungebotenen ausgeschlossen, es sei denn, dass das Opfer ein Siegesopfer war. Dagegen wurde auch bei dem gebotenen Opfer häufig die Frage nach dem Ausgang eines Unternehmens gestellt oder nach den Mitteln, wie ein Unglück abzuwenden sei. Als z. B. König Vikarr mit den Seinen nach Hǫrdaland zieht und kein günstiger Fahrwind die Segel blähen will, da opfert man und fragt, wie günstiger Fahrwind zu erlangen sei. Nach dem Orakel verlangt Óðin ein Menschenopfer, und das Los soll entscheiden. Es trifft den König, und dieser wird am folgenden Tag von Starkað an einem Baummast dem Gott geweiht und mit dem Speer durchbohrt, wobei jener die Worte spricht: „Nun weihe ich dich dem Óðin". Auf ähnliche Weise wurde bei Misswuchs König Óláfr trételgja von seinen Schweden in seinem Haus verbrannt und so der Gottheit geopfert, weil er ein träger Opferer war und seine Untertanen das als die Ursache des Misswuchses ansahen. Der Todesgottheit glaubte man gleichsam für die Gesamtheit ein Menschenopfer geben zu müssen, wenn man sich den unsicheren Wellen anvertraute, wenn schwere Kämpfe bevorstanden. Ehe die Sachsen nach ihren Plünderungszügen an der gallischen Küste heimkehrten, pflegten sie jeden zehnten Mann der Gefangenen zu opfern, um dadurch glückliche Heimkehr auf ihren Schiffen zu erlangen. Vor ihren Heerfahrten brachten die Normannen dem Thór blutige Menschenopfer. Aus den Herzen der Getöteten prophezeiten sie dabei den Ausgang ihrer Wikingerfahrt. Auf ähnliche Weise opferten die Franken am Po gotische Weiber und Kinder, als sie 539 unter Theudoberts Führung in Italien eingedrungen waren, um sich dieses Landes zu bemächtigen. Sie warfen die Leichname der Getöteten als Erstlingsopfer in den Strom. Häufig begegnet man Opfern für erlangten Sieg, die in der Regel vor dem Kampf der Gottheit gelobt worden sind. Nach der Niederlage der Römer im Teutoburger Wald wurden die gefangenen römischen Tribunen und Centurionen von den Germanen geschlachtet und den Göttern geweiht. Im Kampf zwischen den Hermunduren und Chatten opferten jene nach ihrem Sieg alle gefangenen Gegner dem Wôdan und Zîu. Bei einer Siegesfeier über die Römer opferten 579 die noch teilweise heidnischen Langobarden 400 Gefangene dem Wôdan. In der großen Jómswikingerschlacht verspricht der norwegische Jarl Hákon einen eigenen Sohn für den Sieg. König Eiríkr von Schweden weihte alle Gegner die in seine Hände fallen würden vor dem Kampf seinem Gott. Außer Menschenopfern begegnen andere Spenden, wenn man günstigen Fahrwind oder Befreiung von Unglück erlangen will oder wenn man Land in Besitz nimmt. Mit solchem gebotenen Opfer mag auch einst das Notfeuer verbunden gewesen sein (vgl. S.

14), und in manchem Brauch der Gegenwart, der sich an Unwetter oder großes Sterben oder an den Beginn von Unternehmungen knüpft, leben die letzten Reste dieses heidnischen Kultes fort.

Die *Zeit*, zu der die ungebotenen Opfer stattfanden, ist schwerlich bei allen germanischen Stämmen und zu allen Zeiten dieselbe gewesen. Sie war bedingt durch die Heimat und die wirtschaftlichen Verhältnisse der einzelnen Stämme. Nur annähernd war sie die gleiche. Über die südgermanischen Festzeiten haben wir keine bestimmten Nachrichten, nur indirekt können wir aus den Berichten des Tacitus schließen, zu welcher Jahreszeit ungefähr dies oder jenes Opferfest stattgefunden hat. Spätere christliche und volkstümliche Feste so schlechthin in heidnische Verhältnisse zu versetzen, geht nicht gut, da mit der römischen Kultur und christlichen Sitte sicher auch Feste und festlicher Brauch zu den Germanen gekommen sind. Dagegen haben wir Nachrichten über die heidnischen Opferzeiten bei den Nordgermanen, die durch anderes, was wir sonst über Feste aus heidnischer Zeit erfahren, gestützt werden und der wirtschaftlichen Lage des Volkes durchaus entsprechen. Danach fielen alle Opferfeste in den Winter, das erste zu Winteranfang, d. i. Mitte Oktober. An ihm wurde vor allem für ein glückliches Jahr, für Frieden und Wohlfahrt geopfert, denn Winteranfang war bei den Germanen Jahresanfang. Das zweite fiel in den Mittwinter, Anfang Januar, und wurde zur Entwicklung der Feldfrucht, in Schweden zu Ehren Freys, des Gottes der Fruchtbarkeit, gefeiert. An ihm pflegte der Opfereber dargebracht zu werden, auf dem man Gelübde ablegte. Durch dieses Opfer hoffte man ein fruchtbares Jahr zu erlangen. Das dritte Fest endlich fällt in die Zeit, da es dem Sommer zugeht, gegen Mitte April. An ihm opferten Könige und Heerführer dem Óðin und erhofften dadurch den Sieg zu erlangen. Alle nordischen Hauptfeste fallen also in die Zeit, da die Arbeit auf dem Feld, da die Waffen ruhten, da die wirtschaftlichen Verhältnisse das Schlachten eines Teiles des Viehbestandes erheischten und so genügend Fleisch zu den Festschmäusen vorhanden war. Auch in Südgermanien scheinen diese Feste auf ähnliche Zeiten gefallen zu sein. So überraschte Germanicus die Marser zu Winteranfang, als sie eben das große Fest der Tanfana feierten. Um diese Zeit, wenn die Ernte geborgen, das Vieh von der Weide zurück ist, zu der noch heute vielerorts die Kirmes gefeiert wird, mag einst das Fest des Jahresanfangs gefeiert worden zu sein. Nur war es kein Dankopfer, das man darbrachte, denn Dank unserer Auffassung des Wortes, war den heidnischen Germanen fremd. Bekamen die Götter ihren Anteil an dem Opfer, so war dies nur Einlösung vergangener Gelübde oder es war ein Opfer, durch das man reichen Ertrag im nächsten Jahr zu erlangen glaubte, wie aus nordischen Zeugnissen und fortlebendem Volksbrauch klar hervorgeht. So opferten z. B. die Schweden einst bei großer Hungersnot an jenem Winteranfangsfest zunächst einen Ochsen, und als im folgenden Jahr keine Besserung eintrug, zu derselben Zeit einen Menschen und als auch dies Opfer vergeblich war, im dritten Jahr den König selbst. Das zweite Opferfest fällt in den Mittwinter, da die ganze Natur abgestorben ist. Schon diese Tatsache schließt die Zusammenkunft größerer Verbände aus. Das Fest scheint demnach im engeren Gemeinde- oder Sippschaftsverband stattgefunden zu haben. Es ist das Fest, das in heidnischer Zeit in der Julzeit gefeiert wurde und daher als Julfest (an. *jól*) in den ältesten Quellen begegnet. Hákon der Gute von Norwegen gab diesem Fest christlichen Anstrich, und später ist sein Name in ganz Skandinavien auf das Weihnachtsfest übergegangen. An ihm fanden besonders die großen Gelage in der Familie statt, zu denen Verwandte und Freunde zusammenkamen. Von Haus aus war dies Fest ein Totenfest, an dem die Abgeschiedenen mit teilnahmen, an denen ihnen besondere Tische gedeckt wurden. Noch heute treiben nach allgemeinem Volksglauben die Toten, das wütende Heer, Frau Holle mit ihren Scharen, die norwegische Julschar u. a. in diesen Tagen besonders ihr Wesen, und weit verbreitet ist der Glaube, dass auch die Unterirdischen, die Verstorbenen, die Alfen und andere chthonische Gestalten, ja selbst die Riesen ihre Weihnachten feiern. Keine Zeit führt so in das Gebiet des Totenkultes wie die Weihnachtszeit mit ihren Schmäusen und ihrer volkstümlichen Prophetie. Weibliche Gottheiten sind es vor allem, denen die Opfer galten, die Disen, und daneben die Alfen, unter deren Schutz man sich in dieser Zeit stellte und denen man die Entwicklung der Saaten zuschrieb. Daher hießen Mittwinteropfer auch Disen- oder Alfenopfer.

Das dritte Hauptopfer mag in einzelnen Fällen dem Kriegs- und Siegesgott gegolten haben, wie Snorri berichtet, ursprünglich und im allgemeinen aber war es ein Opfer, das dem Erwachen der Natur galt und den Gottheiten, die das Gedeihen der Feldfrucht förderten. Das Nerthusfest scheint ein solches Frühlingsopfer gewesen zu sein, das, wie schon erwähnt, in den Sitten der Maien- und Pfingstzeit Überbleibsel von Parallelriten aufweist. Neben diesen Hauptfesten gab es aber auch noch andere Feste. So scheint man die Wiederkehr der Sonne gefeiert zu haben, wie es Prokopius von den Skandinaviern berichtet, wie mancher volkstümliche Brauch, namentlich das Werfen der Sonnenscheibe oder das Rollen des brennenden Wagenrades schließen lässt. Bei all diesen Festlichkeiten und Überbleibseln alter Opferriten müssen wir immer das eine im Auge behalten: wie die Germanen keinen einheitlichen Staat, keine einheitliche Masse bildeten, wie ihre Sprache, ihre wirtschaftliche und soziale Lage in den einzelnen Gegenden und Zeiten verschieden war, so waren es auch ihre Sitten, ihr Kult und ihre rituellen Gebräuche.

Auch die Art der Versammlung zu den Opfern ist verschieden gewesen. Bei dem Fest der Nerthus in Norddeutschland oder dem des Fricco in Schweden veranstaltete man die Feier in den einzelnen Gemeinden. Der Priester zog mit dem Götterbild umher, und überall, wohin er kam, fanden Schmaus und Gelage zu Ehren der Gottheit statt. Solche Umzugsfeierlichkeiten findet man vor allem bei Verehrung der Vegetationsgottheit. Sie sollten andeuten, dass die Gottheit nun in die einzelnen Orte einziehe, woran der Einzug des Maikönigs und der

Maikönigin erinnert. Daneben gab es aber auch heilige Stätten, an denen die Menge zu gemeinsamem Opfer zusammenströmte. Wie weit dabei die Pflicht zur Teilnahme gegangen ist geht aus den Quellen nicht klar hervor, doch ist sie aller Wahrscheinlichkeit nach wie die Dingpflicht allgemein gewesen. Die nordische Egilssaga die in dieser Frage Andeutungen gibt, berichtet von dem großen Frühjahrsopfer zu Gaular in Norwegen: „Dort war ein sehr angesehener Haupttempel. Zu ihm kam eine große Menge aus Firðir, Fjalir und Sogn, und zwar fast alle angesehenen Leute." Dagegen sagt Thietmar von Merseburg, dass zu dem großen Opferfest nach Lethra auf Seeland alle Dänen zusammengekommen wären. Solche heilige Versammlungsorte, die als Mittelpunkte des Kultes und Sitze der Gottheit galten, begegnen öfter in den Quellen: im heiligen Hain der Semnonen kamen die Abgeordneten der suebischen Stämme zusammen, die Marser und ihre Kultgenossen überfiel Germanicus im Hain der Tanfana, als sie ihr Opferfest feierten, in Lethra auf Seeland befand sich das gemeinsame Heiligtum der Dänen in Altuppsala das der Schweden, in Norwegen hatte jeder Gau, jeder Dingverband seinen heiligen Ort, von denen am berühmtesten der zu Mœrir in Drontheim und der zu Gaular waren. Auch auf Island hatte jeder Godenbezirk zu gemeinsamem Opfer sein Heiligtum, dessen Mittelpunkt in den letzten Jahrhunderten des Heidentums die Götterbilder in abgeschlossenem Raum waren.

Der altgermanische Tempel, das Götterbild

Von Haus aus kannten die Germanen weder Götterhaus noch Götterbild. Sie konnten sich, wie Tacitus erzählt, ihre Götter nicht in engen Räumen eingeschlossen denken, sondern verehrten sie im Freien, besonders in Wäldern, in deren Rauschen sie die Offenbarung der Gottheit wähnten. Darum ist das altgermanische Wort für das spätere Götterhaus (ahd. *haruc*, ags. *hearh*, an. *hǫrgr*) zugleich die Bezeichnung für „Wald, Hain". Stets sind es heilige Haine, wo bei Tacitus von altgermanischer Götterverehrung die Rede ist. Bei den Nordgermanen scheint dagegen die Verehrung der Götter auf Bergen im Vordergrund gestanden zu haben, denn bei ihnen bedeutete *hǫrgr* zugleich „Felsen, Berg". Der Ort solcher Götterverehrung galt als unverletzlich. Er war ein heiliger Ort (ahd. *wîh*, ags. *vîh*, an. *vé*), eine Friedensstätte (as. *friduwîh*, an. *griðastaðr*), an der jeder Schutz genoss und wo der Gottheit verfallen war, welcher an dieser Stätte gefrevelt hatte. In diesem Heiligtum wohnte die Gottheit oder zog wenigstens zu Zeiten in dasselbe ein. In irgendeinem Gegenstand, der mit ihr in inneren Zusammenhang gebracht war wurde sie verehrt. So die Nerthus in ihrem Wagen, Wôdan als chthonischer Gott in einer nachgebildeten Schlange, Freyr im Phallus oder in den ihm geweihten weißen Rossen, Thór in seinem Hammer u. dgl. Erst in den letzten vorgeschichtlichen Zeiten kam das eigentliche Götterbild, d. h. die Nachbildung der Götter in menschlicher Gestalt, und damit auch

die Verehrung solcher Größen zu den germanischen Völkern. Von dieser Zeit an finden wir es häufig auf Metallblättchen, auf Waffen, Runensteinen, und zuweilen werden solche Idole in den Sagas erwähnt. Das Götterbild bedurfte auch eines besonderen Raumes, in dem es aufgestellt wurde, und so entstand das Götterhaus. Der Name dafür ist got. *alhs*, ags. *ealh*, an. dagegen *hof*. Dies wie jenes bezeichnet ursprünglich den eingefriedeten, geschützten Ort. Die Annahme liegt nahe, dass an dem geweihten Ort zunächst ein Gebäude errichtet wurde, in dem sich die Teilnehmer am Opferschmaus zusammenfanden. Dieses Gebäude scheint der ältere Teil des altgermanischen Tempels gewesen zu sein, an den erst später der Götterraum angefügt worden ist. Jenes Gebäude und die um dasselbe herumliegenden Genossenschaftszelte mag
Germanicus zerstört haben, wenn er, wie Tacitus berichtet, das Heiligtum der Tanfana dem Erdboden gleichmachte. Leider besitzen wir keine Nachrichten über südgermanische Tempel. Da-

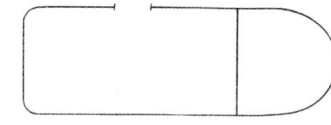

gegen geben uns auch hier die nordischen Sagas eingehende Berichte über die Götterhäuser, Berichte, die die isländischen Ausgrabungen bestätigt haben. Danach war der Tempel ein länglicher Bau, der nach der einen Seite meist abgerundet war. Er bestand aus zwei Teilen, von denen der kürzere, abgerundete, ungefähr ein Drittel des Baus ausmachte. Beide Teile hängen zusammen und werden nur dadurch voneinander getrennt, dass sich von einem Ende des Gebäudes bis zum anderen eine Erhöhung aus Erde, der *stallr*, hinzieht. In beide Teile führt eine Tür. Der größere Teil ist das Langhaus, in dem die Opferschmäuse abgehalten werden. Hier brannte das Langfeuer, um das herum sich die Sitze der Teilnehmer befanden Der eigentliche Götterraum war das rund auslaufende Nebenhaus, das *afhús*. In diesem befanden sich auf Erhöhungen die Götterbilder, hier und da drei, zuweilen aber auch mehrere. Überwiegend scheinen diese aus Holz geschnitten gewesen zu sein (daher *trégoð* „Holzgötter"), doch werden auch goldene und silberne Götterbilder erwähnt. Dargestellt werden die Götter in der ihnen typischen Gestalt und mit den Gegenständen, die ihnen der Volksglaube zuschreibt. In Uppsala z. B. prangte Óðin mit seinem Speer und Helm, Thór trug den Blitzhammer, Fricco war mit einem großen Priapus dargestellt. Vor den Götterbildern befand sich auf einer altarartigen Erhöhung ein Ring, bei dem alle Eide geschworen wurden und den der Priester während des Opfers am Arm zu tragen pflegte. Hier stand auch der Opferkessel, ein Gefäß, in dem sich das Blut des Opfertieres befand, und in ihm lag der Opferwedel, mit dem der Priester die Götzen, Wände des Tempels und die Teilnehmer am Opfermahl besprengte. Denn das Opfer war zugleich eine Vereinigung mit der Gottheit, eine *communio*, die durch die Besprengung mit dem Opferblut und das gemeinsame Mahl, von dem ja auch die Götter ihren Anteil erhielten, zum Ausdruck kam.

Das Gebäude musste von dem Priester oder Goden instand gehalten werden. Hierfür und für die Opferfeierlichkeit mussten die Mitglieder des Kultverbandes eine bestimmte Abgabe, den Tempelzoll, zahlen. Dort, wo der König an der Spitze des Gauverbandes stand, musste natürlich dieser oder sein Stellvertreter, der Jarl, des Tempels walten.

Auch der *Hergang bei dem Opfer* im Tempel ist bei den einzelnen Stämmen verschieden gewesen und gewiss an dem Fest des einen Gottes anders als an dem des anderen. Doch sind gewisse Züge, die wir überall wieder finden. Hierher gehören vor allem der Opferschmaus und der Minnetrunk zu Ehren der Götter. An dem Opferschmaus nahm natürlich auch die Gottheit teil. Sie erhielt nicht nur von dem Blut des geopferten Tieres, sondern auch die edelsten Teile des Körpers, besonders das Herz. Sobald das Opfer vollbracht und aus dem Opferblut geweissagt war, eröffnete der Leiter des Opfers das Mahl, indem er den Becher und die ganze Opferspeise segnete. Dann trank er die Minne der Götter: Óðins, um Sieg zu erlangen, Njǫrðs und Freys, um Fruchtbarkeit und Friede zu erbitten, wie es König Hákon bei den Drontheimern tun sollte. Zuweilen wurde auch die Minne Verstorbener, die Minne früherer Könige getrunken, ein Überbleibsel älteren Totenkultes. Hier und da begleiteten den Opferschmaus Tanz und Gesang, Mimenspiel und andere Belustigungen, namentlich Schwerttänze und Ballspiele. Dies war mehr bei den Südgermanen und Angelsachsen der Fall als bei den Nordgermanen, die in der Wikingerzeit überhaupt keine besondere Neigung für Tanz und Gesang gehabt haben. Zuweilen ging auch das Heldenhorn *(brgarfull)* herum, bei dem man feierliche Gelübde ablegte, die man innerhalb Jahresfrist einlösen musste. Eine eigentümliche Opferfeier berichtet Gregor der Große von den Langobarden. Diese hatten dem Wôdan 400 Gefangene geweiht und brachten dann ein Ziegenopfer dar, schlugen dem Tier das Haupt ab und umtanzten dasselbe, indem sie dazu verabscheuungswürdige Lieder sangen.

Zum Opfermahl verwendete man selbstverständlich nur Tiere, deren Fleisch man zu genießen pflegte, vor allem Pferde, Rinder, Eber, aber auch Böcke, Widder. Das waren Tiere, die den Göttern heilig waren und durch deren Genuss man sich gleichsam mit der Gottheit eins fühlte. Aber den Göttern, wie den Toten und den Dämonen, wurden auch noch andere Dinge dargebracht, Dinge, die man von ihnen zu erlangen wünschte. So namentlich Erzeugnisse des Bodens, Speisen, Getränke. Diese Spenden rühren aus einer Zeit her, da man noch die Macht der Umwelt und die Abgeschiedenen verehrte, und sind mit dem Aufkommen menschengestaltiger Gottheiten auf diese übertragen worden. Ehe die nordischen Waräger ihre Handelsreisen antreten, berichtet Ibn Fadhla, gibt jeder seinen Götzen Brot, Fleisch, Milch, berauschende Getränke und erbittet dafür viel Handelsware. Auch Hunde Katzen, Habichte und anderes Geflügel, das man nicht aß, wurden an dem heiligen Baum zu Altuppsala oder in Lethra bei den großen Opfern dem Gott zu Ehren aufgehängt. Ganz besonders häufig aber werden Menschenopfer erwähnt, die der Gottheit dargebracht werden. Kriegsgefangene oder Sklaven sind es, die man dazu verwendet. Sie sind gleichsam Ersatz für die vom Totengott mit dem Tod bedrohten. Daher findet man die Menschenopfer überall, wo das Leben des Menschen in Gefahr ist, bei Hungersnot, Seefahrten, vor allem aber in Kriegen. Kein Siegesfest erwähnen die Quellen, das nicht Menschenopfer begleitet hätte. Dieses Siegesopfer ist die Einlösung des Versprechens das man für die Erhaltung des eigenen Lebens gegeben hat. Tacitus erzählt, dass die Germanen alljährlich dem Wôdan Menschenopfer gebracht, während sie sich Donar und Zîu gegenüber mit Tieropfern abgefunden hätten. Dem Wôdan opferten die Langobarden, die Sachsen, die Nordgermanen Menschen. Zu diesem Menschenopfer haben wir einen der frühesten altgermanischen Kulte: es führt in die Zeit, da Wôdan noch als chthonische Gottheit nach dem Menschen verlangte, in der man ihm verfallen war, wenn man sich nicht durch das Leben eines Mitmenschen löste. In den Berichten, wo selbst Könige ihre eigenen Kinder dem Gott opfern, um dadurch ihr Leben zu verlängern, haben wir noch Spuren jenes uralten Kultes. Aber auch anderen Göttern wurden Menschenopfer dargebracht. So dem Zîu oder Thór, wie Tacitus an der Stelle berichtet und nordgermanische Quellen bezeugen.

Literatur

J. Grimm, Deutsche Mythologie. 4. Aufl., hg. von E. H. Meyer. 3 Bde. Berlin 1875–78.

E. H. Meyer, Germanische Mythologie. Berlin 1891. – Ders., Mythologie der Germanen. Straßburg 1903.

E. Mogk, Germ. Mythologie. 2. Aufl., 2. Abdr. Straßburg 1907 (aus Pauls Grundriss der germanischen Philologie.[2] 3. Bd.).

W. Golther, Handbuch der germanischen Mythologie. Leipzig 1895.

R. M. Meyer, Altgermanische Religionsgeschichte. Leipzig 1910.

K. Helm, Altgermanische Religionsgeschichte. 1. Bd. Heidelberg 1913.

P. D. Chantepie de la Saussaye, The Religion of the Teutons. Boston and London 1903.

J. Hoops, Reallexikon der Germanischen Altertumskunde. Straßburg 1911 ff.

L. Uhland, Schriften zur Dichtung und Sage. Bd. 6, 7. Stuttgart 1868.

W. Mannhardt, Wald- und Feldkulte.[2] 2 Bde. Berlin 1905.

H. Petersen, Über den Gottesdienst und den Götterglauben des Nordens während der Heidenzeit. Übersetzt von M. Ries. Gardelegen 1882.

S. Bugge, Studien über die Entstehung der nordischen Götter- und Heldensage. Übersetzt von O. Brenner. München 1889.

M. Olsen, Hedenske Kultminder i norske Stedsnvne. I. Krisiania 1915.

B. Grønbech, Vor Folkeætt i Oldtiden. 4 Bde. København. 1909–12.

H. Haas, Bilderatlas zur Religionsgeschichte. 1. Lieferung. Germanische Religion. Leipzig 1924.

E. Mogk, Norwegisch-isländische Literatur. 2. Aufl. Straßburg 1904.

W. Golther, Nordische Literaturgeschichte. 1. Teil. Die isländische und norwegische Literatur des Mittelalters. 2. Aufl. Berlin u. Leipzig 1920.

H. Gering, Die Edda. Leipzig und Wien.

F. Genzmer, Edda. Thule 2. Bd. Jena 1920.

K. Maurer, Bekehrung des norwegischen Stammes zum Christentum. 2 Bde. München 1855–56.

E. B. Tylor, Die Anfänge der Kultur. Übersetzt von Spengel und Poske. 2 Bde. Leipzig 1873.

M. T. Nilsson, Primitive Religion. Tübingen 1911.

N. Söderblom, Das Werden des Gottesglaubens. Leipzig 1916.

Seltene & vielgesuchte Bücher neu aufgelegt im Bohmeier Verlag

Übersetzungen aus dem Russischen oder Englischen:

Dunkle Magie, Hexerei und die Möglichkeiten der Schwarzen Kunst von Nitibus

Magische Praxis der Lebens- & Liebeskünste von Anatol

Ukrainische Dämonologie von Malinka A N Tschernigow

Die Hohe Magie der Alten von P. Piobb

Magische Spiegel von Paul Sédir

Briefe zur Mystik von Paul Sédir

Kundalini von George Sydney Arundale

Egyptian Magic - Ägyptische Magie von E. A. Wallis Budge

Die Pfadarbeiten von Aleister Crowley von Aleister Crowley, J. F. C. Fuller

Die Legende von Aleister Crowley von Israel Regardie, P. R. Stephensen

OPHIOLATREIA von Anonym

Dämonologie von King James IV., König von Schottland

Das Buch der Werwölfe von Sabine Baring-Gould

Die Geschichte des Teufels von Paul Carus

Vikram und der Vampir von Captain Sir Richard F. Burton

Edom und die Edomiter von Mary L.T. Witter

Neuauflagen alter Grimoires über Magie:

Das 6. und 7. Buch Mose von Mose

Das 8. und 9. Buch Mose von Mose

Geschichte der Hexen und Hexenprozesse von Carl Lempens

Die Magie der Zahlen von Leon Hardt

Die Wiedergeburt des Magischen von Dr. Walter Kröner

Kurzgefasstes Weiber-Büchlein von Anonym

Die Bernsteinhexe Maria Schweidler von Wilhelm Meinold (Hrsg.)

Das Buch der Amulette und Talismane - von R. H. Laarss

Aberglaube und Zauberei in der Volksmedizin von Carly Seifarth

Der Duell-Codex und der Ehrenkodex von Gustav Hergsell, John Lyde Wilson

Überlieferte Geheimwissenschaften von Waldemar Froese (Hrsg.)

Zwei Hexenprozesse von Dr. Ignaz Zingerle (Hrsg.)

Das Rätsel des Menschen von Carl du Prel (Dr.)

Wunder der Natur oder die Goldischen Bande (Alchemie) von J. Neithold

Faust's Leben, Taten und Höllenfahrt von Maximilian Klinger

Deutsche Mythologie von Prof. Dr. F. Kauffmann

Aktuelle Infos und weitere Neuerscheinungen aus dem Bohmeier Verlag unter www.magick-pur.de

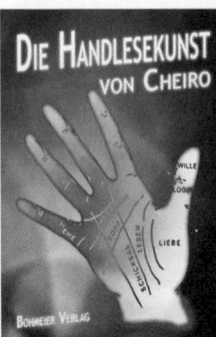